"Wenn du ein glückliches Leben willst, verbinde es mit einem Ziel."

Albert Einstein

Der gemeinnützige Verein NFTE Deutschland e. V. bietet Fortbildungen zu zertifizierten Entrepreneurship-Lehrkräften an, die über die Geschäftsstelle gebucht werden können.

Zusatzmaterialien zum Buch sind ebenfalls erhältlich: ein Lehrerbegleitheft mit den Spielanleitungen und ein Praxisheft für Schülerinnen und Schüler.

Das Buch wird auch als E-Book angeboten.
Mail: kontakt@nfte.de

Gedruckt auf 100 % Recyclingpapier Cyclus Offset weiß
ISBN 978-3-945177-57-0

NETWORK FOR TEACHING ENTREPRENEURSHIP
NFTE Deutschland

Von der Idee zum Ziel –

wie du ein kleines Unternehmen startest und erfolgreich machst

6. Auflage 2018, in neuer Bearbeitung mit differenzierenden Aufgaben
Autoren: Connie Hasenclever, Sven Ripsas, Holger Zumholz, Wolf-Dieter Hasenclever

▶ **Mit Beiträgen von 11 ehemaligen NFTE Schülerinnen und Schülern aus verschiedenen Schularten und Bundesländern**

▶ **Mit umfangreichem digitalem Zusatzmaterial**

INHALTSVERZEICHNIS

04 Liebe Schülerin, lieber Schüler ...

07 **Kapitel 1**
Was ist ein Entrepreneur, ein Unternehmer, eine Unternehmerin?

21 **Kapitel 2**
Wie du Selbstvertrauen gewinnen und durchstarten kannst

39 **Kapitel 3**
Merkmale erfolgreicher Entrepreneure und wie sie Geschäftschancen erkennen

53 **Kapitel 4**
Neue Sichtweisen entdecken und von bahnbrechenden Erfindungen erfahren

71 **Kapitel 5**
Zukunft sichern: Nachhaltige und soziale Unternehmenskonzepte entwickeln

83 **Kapitel 6**
Von deinen Talenten und Hobbys zur eigenen Geschäftsidee

99 **Kapitel 7**
Marketing – Wie du deine Zielgruppe identifizierst und eine Marketingplanung machst

113 **Kapitel 8**
Die Business Model Canvas – eine anschauliche Methode zur Arbeit an deinem Geschäftsmodell

SYMBOL LEGENDE

DIE SPIELE
Wenn du dieses Symbol siehst, wirst du selbst aktiv und kreativ!

DER BIZTIPP
Tricks of the Trade! Empfehlungen für deinen Erfolg.

DAS PRAXISHEFT
Im NFTE Praxisheft löst du die passenden Aufgaben schriftlich!

GO WEB
Geh ins Internet und lerne digital dazu!

121 **Kapitel 9**
Wie du dein Angebot mit Kundinnen und Kunden testest und kreative Werbung entwickelst

139 **Kapitel 10**
Digitale Instrumente für Entrepreneure: Chancen entdecken und Herausforderungen meistern

155 **Kapitel 11**
Die Wirtschaftlichkeit eines Unternehmens

175 **Kapitel 12**
Was ist der richtige Finanzierungsweg: Eigen- oder Fremdkapitalfinanzierung?

187 **Kapitel 13**
Das Finale: Vom Pitch zum ersten eigenen Businessplan

194 **Anhang**

SYMBOL LEGENDE

JUNG, KREATIV, ENTREPRENEUR!
Ehemalige NFTE Schülerinnen und Schüler erzählen dir von ihrer Entwicklung.

ENTREPRENEURE UND IHRE IDEE
Beispiele von Menschen mit Unternehmergeist und innovativen Geschäftsmodellen.

ZUSAMMENFASSUNG UND AUFGABEN
Am Kapitelende findest du kurz nochmal das Wichtige und Aufgaben dazu.

Liebe Schülerin, lieber Schüler,

dieses Buch beschäftigt sich mit dir – wie der gesamte NFTE Kurs. Es geht darum, deine besonderen Fähigkeiten und Talente herauszufinden, dich zu ermutigen und dabei zu unterstützen, ein eigenes Projekt selbstständig zu verwirklichen.

Was unser Schülerbuch wirklich ungewöhnlich macht: Jugendliche, die gerade oder vor wenigen Jahren in einem NFTE Kurs waren, stellen sich dir darin in Selbstportraits vor. Sie wollen dir Mut machen und erzählen, was ihnen der NFTE Kurs gebracht hat und wie es mit ihnen und ihrer Geschäftsidee weitergegangen ist. Spannend!

Das Buch basiert auf den Erfahrungen erfolgreicher Gründerinnen und Gründer. In verständlicher Sprache bekommst du schon in der Schule eine unternehmerische Ausbildung, die viele Erwachsene auch brauchen würden.

Als der Unternehmer Steve Mariotti, der Gründer von NFTE, an einer Highschool in der New Yorker Bronx unterrichtete, entdeckte er, dass sich Schülerinnen und Schüler schon ein kleines Unternehmen aufbauen und damit erfolgreich sein konnten. Das ermutigte ihn, 1987 NFTE zu gründen, um möglichst vielen Jugendlichen bessere Zukunftschancen zu geben. Mehr als 700.000 Schülerinnen und Schüler in vielen Ländern haben inzwischen einen solchen Kurs gemacht (Stand 2017).

Connie Hasenclever
Vorsitzende des Pädagogischen Beirats von NFTE Deutschland e. V. und Entrepreneurship Trainerin

Dadurch entwickeln sie Mut, ihr Leben selbst in die Hand zu nehmen. Sie setzen sich Ziele und arbeiten auch in der Schule besser und motivierter mit. Das kannst auch du schaffen.

Der Kurs stärkt dein Selbstvertrauen und hilft dir, deine speziellen Fähigkeiten zu entdecken und weiterzuentwickeln. Schritt für Schritt wirst du an deinen eigenen Ideen arbeiten und dadurch dem Ziel näher kommen, deine Träume zu verwirklichen.

Auch in dir stecken besondere Begabungen und Talente. Du kannst manches besser als andere Menschen - selbst dann, wenn du in der Schule oft nicht daran glaubst. Egal ob du in einer großen oder kleinen Stadt oder auf dem Land lebst: Du lernst, wie man sich ein kleines Geschäft aufbauen und selber Geld verdienen kann. Während des Kurses wirst du einen ersten Businessplan für deine Geschäftsidee aufstellen und präsentieren.

Trau dich was im NFTE Kurs, entwickle Ehrgeiz, versteck dich nicht, geh offen auf andere zu und zieh etwas Eigenes durch! Du wirst sehen, dass sich das lohnt und richtig Spaß macht.

Einige interessante Unternehmerinnen und Unternehmer und ihre Geschäftsideen stellen wir dir als Beispiele im Buch kurz vor. Du findest im Web dann selbst mehr über ihre Person und ihre Erfolgsrezepte heraus und lernst dadurch dazu. Wenn du mit Begeisterung und Energie an dein Projekt herangehst, kannst du sehr viel erreichen.

Das Buch und der Kurs sollen dich fit machen für die digitale Arbeitswelt und so deine Chancen verbessern. Du lernst, wie man sich im Internet orientiert und kritisch und erfolgreich recherchiert. Außerdem wird dir gezeigt, wie du mit anderen im Web erfolgreich zusammenarbeiten kannst. Du wirst im NFTE Kurs viel digital unterwegs sein!

Deine Lehrerinnen und Lehrer werden dir Mut machen, dir mit Achtung und Respekt begegnen und dir helfen, deine Ideen zu verwirklichen. Respekt und Achtung gegenüber anderen Menschen erwarten wir natürlich auch von dir. Denn wer seinen Mitmenschen so gegenübertritt, wird selbst ernst genommen – und man traut ihm oder ihr mehr zu.

Pünktlichkeit, Zuverlässigkeit, sorgfältiges Arbeiten, gutes Auftreten und höfliches Benehmen sind wichtige Grundprinzipien bei NFTE. Wenn du dich an sie gewöhnst, hast du viel bessere Erfolgschancen im Leben.

Wichtig ist auch, dass du bei deiner Arbeit die Folgen für die Umwelt bedenkst und auf Nachhaltigkeit achtest.

Natürlich werden nicht alle, die jetzt einen NFTE Kurs machen, später ein eigenes Unternehmen gründen, aber manche sicher. Vielleicht bist du eine oder einer davon! Neue Ideen, gute Produkte und Dienstleistungen werden gebraucht. Das Rüstzeug für eine Gründung nimmst du auf jeden Fall mit in die Zukunft.

Durch die Arbeit mit NFTE wachsen deine Aussichten, eine gute Lehrstelle zu bekommen oder später in einem interessanten Unternehmen zu arbeiten.

Denn du weißt dann schon mehr über Wirtschaft, trittst sicherer auf und bist als unternehmerisch denkende Mitarbeiterin oder Mitarbeiter begehrter. Auch dein eigenes Geld wirst du klüger und sparsamer verwalten und einsetzen, genau wie erfolgreiche Unternehmerinnen und Unternehmer.

Ein eigenes Unternehmen zu gründen, hat viel mit der Freiheit zu tun, zu machen, was man will und wo man es will – und durch eigenes Geld finanziell unabhängig von anderen zu sein.

Viel Freude und Erfolg im NFTE Kurs!

Prof. Dr. Sven Ripsas
Professor für Entrepreneurship/
Unternehmensgründung an
der Hochschule für
Wirtschaft und Recht Berlin

Eure Aufgaben im NFTE Schülerbuch

Am Ende jedes Kapitels und auch zwischendurch findet ihr Aufgaben zur Bearbeitung. Dazu gibt es im **NFTE Praxisheft** noch ergänzende Hilfen, Arbeitsaufträge und zusätzliches Material.

Eure Lehrerin oder euer Lehrer wird sicher für euch passende Aufgaben auswählen und sie euch stellen. Die BASIC-Aufgaben sind für alle wichtig. Aber ihr selbst seid in diesem Kurs besonders gefragt!

Egal, in welcher Schulart und Klassenstufe ihr seid: Wer ehrgeizig ist und an sich glaubt, kann und sollte sich auch an schwierigere Aufgaben herantrauen.

Denn: Entrepreneure sind neugierig und lernen ständig dazu ...

Eure Antworten auf die Fragen heftet ihr in eurer Praxisheft, das ihr persönlich und unverwechselbar gestalten sollt. Bitte gebt euch damit viel Mühe! Es lohnt sich.

Die Aufgaben haben wir nach 3 Schwierigkeitsgraden gegliedert:

★ **BASIC**
bezeichnet Aufgaben, die ihr alle schaffen könnt.

★★ **GO ON**
bezeichnet Aufgaben mit mittlerem Niveau – traut euch dran!

★★★ **WOW**
bezeichnet herausfordernde Aufgaben.

GO WEB

bezeichnet Aufgaben, die euch sicher Spaß machen werden: Hier könnt ihr ins Internet gehen und euch selbstständig schlau machen, indem ihr viele spannende Videoclips, Geschichten, Artikel und weitere Materialien anklickt und euch damit beschäftigt.

So einfach geht es:
▶ Erst zur NFTE Website,
▶ dann zum Buchkapitel (Nummer),
▶ dann zum digitalen Material, das von NFTE durch Updates aktuell gehalten wird. Beispiel: www.nfte.de/buch/kap3

Was ist ein Entrepreneur, ein Unternehmer, eine Unternehmerin?

Kapitel 1

Lernziele

Wenn du dieses Kapitel gelesen und die Übungen ausgeführt hast, kannst du:

- ☑ die Unterschiede zwischen einer Arbeitnehmerin oder einem Arbeitnehmer und einem Entrepreneur (Unternehmerin oder Unternehmer) erklären,

- ☑ die Wichtigkeit von kleinen und mittleren Unternehmen (KMU) für den Erfolg der Marktwirtschaft in Deutschland erkennen,

- ☑ die Vor- und Nachteile einschätzen, ein eigenes Unternehmen zu besitzen.

> "In Zukunft ist es wichtig, selbstständig zu sein, aber nicht nur selbstständig als Unternehmer, sondern als Mensch."
>
> John Hormann, Zukunftsforscher

Handelsspiel

Berliner NFTE Schüler beim Handelsspiel

Der Unterschied zwischen Arbeitnehmern/ Angestellten und Entrepreneuren

Die meisten Menschen verdienen Geld, indem sie als Arbeitnehmerinnen oder Arbeitnehmer für ein privates oder staatliches Unternehmen arbeiten.

In ihrer Arbeitszeit erstellen sie Produkte (z. B. im Maschinenbau oder in der Softwareindustrie), erbringen Dienstleistungen (z. B. in einer Wäscherei oder im Handwerk) oder arbeiten in der Verwaltung (z. B. im Einkauf). Wer seinen Lebensunterhalt verdient, indem er oder sie in einem Unternehmen arbeitet, das jemand anderem gehört, wird **Arbeitnehmer oder Angestellter** genannt. Es gibt viele verschiedene Formen, als Arbeitnehmer zu arbeiten. Bei Autoherstellern zum Beispiel fertigen einige Mitarbeiter die Autos, andere verkaufen sie, und wieder andere leiten das Unternehmen.

Aber als Arbeitnehmerinnen und Arbeitnehmer haben sie alle etwas gemeinsam – sie sind nicht Eigentümer des Unternehmens, sie arbeiten für andere, denen es gehört. Wenn sie aber Aktien besäßen, dann wären sie auch Miteigentümer des Unternehmens, hätten allerdings kaum Mitsprache, da ihr Anteil am Unternehmen sehr klein ist.

Manche Menschen gründen ihr eigenes Unternehmen. Sie schaffen für sich und andere neue Arbeitsplätze. Sie heißen Entrepreneure (in Deutschland sagen wir auch Unternehmerinnen oder Unternehmer), und ihnen gehört das Unternehmen allein. Sie haben das Sagen, sie sind Chefin bzw. Chef.

Entrepreneure sind oft zweierlei: Eigentümer des Unternehmens und ihre eigenen Mitarbeiter. Als Eigentümer leiten sie das Unternehmen entweder selbst oder stellen jemand ein, der die Geschäftsführung übernimmt, und natürlich arbeiten sie auch für ihr Unternehmen. Manche gründen auch im Team und teilen sich die Verantwortung und die Gewinne. Ein erfolgreiches Unternehmen bietet Produkte und Dienstleistungen an, die Kunden wirklich brauchen, und das zu Preisen, die sie bezahlen können und wollen. Natürlich müssen die Preise so hoch sein, dass der Entrepreneur alle Kosten decken und einen Gewinn erzielen kann. Für all das muss ein Entrepreneur gut handeln können. Um das zu üben, gibt es bei NFTE das "Handelsspiel".

Große und kleine Unternehmen

In der Öffentlichkeit (z. B. in den Nachrichten) wird meist nur über große Unternehmen wie BMW, Microsoft oder Siemens berichtet. Ein großes Unternehmen hat mehr als 500 Arbeitnehmerinnen und Arbeitnehmer und verkauft Produkte oder Dienstleistungen im Wert von mehr als 50 Mio. € im Jahr.

Die meisten Unternehmen in Deutschland (mehr als 90 %) sind jedoch kleine und mittlere Unternehmen (kurz KMU): Eine Kfz-Werkstatt, ein Startup, das Apps programmiert, oder das Internet-Café an der Ecke sind Beispiele für kleine Unternehmen. In Deutschland stellen KMU rund 80 % der Ausbildungsplätze und 70 % der Arbeitsplätze.

Überraschenderweise sind die grundlegenden Strukturen eines großen Unternehmens nicht sehr verschieden von denen einer kleinen Softwarefirma oder Werkstatt. Es ist eine Tatsache, dass die meisten großen Unternehmen als kleine Geschäfte und unternehmerische Abenteuer anfingen.

Viele bekannte und erfolgreiche Unternehmen wie IKEA, SAP, ALDI, Ford, Red Bull oder Microsoft begannen als Idee von einem oder zwei Entrepreneuren.

Der Gewinn

Ganz egal wie groß ein Unternehmen ist, es muss **Überschüsse** erzielen, um konkurrenzfähig zu bleiben. **Ein Unternehmen, dessen Ziel es ist, Gewinne zu machen, ist erfolgreich, wenn der Umsatz, der bei Verkäufen oder Dienstleistungen erzielt wird, größer ist als die Kosten.**

Auch **Sozialunternehmerinnen und Sozialunternehmer ("Social Entrepreneurs")** müssen Überschüsse erwirtschaften. Wenn es ihnen nicht gelingt, sind sie dauerhaft von Spenden abhängig. Später im NFTE Buch wirst du mehr darüber erfahren.

Manche Unternehmen arbeiten in der Startphase mit Verlust, weil sie zunächst Geld für die Entwicklung der Produkte und den Aufbau der Verwaltung ausgeben müssen. Sie investieren in Maschinen, Computer und Mobiltelefone und machen Werbung (z. B. bei Facebook oder auf Flyern), um Kunden zu gewinnen. Außerdem müssen die Gründerinnen und Gründer ja auch noch ihre eigenen Lebenshaltungskosten bezahlen können. Wenn ein Unternehmen dauerhaft mehr ausgibt als es einnimmt, also Geld verliert, kann es passieren, dass der Entrepreneur seine Rechnungen nicht mehr begleichen kann.

Er wird zahlungsunfähig und muss sein Unternehmen auflösen und **Insolvenz** (= Zahlungsunfähigkeit) anmelden.

Ein Unternehmen aufzulösen ist nicht etwas, wofür man sich schämen muss. Viele erfolgreiche Entrepreneure haben während ihres Lebens verschiedene Unternehmen eröffnet und mehr als eines wieder aufgelöst. Wenn aber ein Unternehmen auch mehrere Monate nach dem **„Startup"** (der Anfangsphase) und trotz einer Überarbeitung des Angebotes noch immer kein Geld verdient, ist das ein Zeichen, dass man vielleicht fehlerhaft geplant hat.

Dann muss die Gründerin oder der Gründer das Angebot verändern. Wenn es dann immer noch nicht gelingt, Gewinne bzw. Überschüsse zu machen, sollte man mit dem Unternehmen aufhören, solange man noch alle Rechnungen bezahlen kann. Das ist meistens die beste Entscheidung. Um Verluste möglichst zu vermeiden, solltest du versuchen, dass jedes einzelne Produkt/jede Dienstleistung Gewinn macht. Wir werden später auf die einzelne „Verkaufseinheit" besonders hinweisen.

> "Jeder Fehler ist eine Chance auf intelligentere Weise neu anzufangen. Wir lernen mehr von unseren Fehlern als von unseren Erfolgen."
>
> Henry Ford, Unternehmer und Gründer der Ford Motor Company

Entrepreneure schaffen Wert

Wenn das Unternehmen Gewinn abwirft, macht ein Entrepreneur viele Dinge richtig. Um ihre Produkte und Dienstleistungen zu verkaufen, müssen Entrepreneure zunächst meist etwas einkaufen oder herstellen. Die eingesetzten Güter (z. B. die Roboter, die für die Produktion von Autos benötigt werden) und die Arbeitskraft der Mitarbeiterinnen und Mitarbeiter (z. B. in der Programmierung oder beim Marketing) werden in der Wirtschaft als **Ressourcen** bezeichnet. Alle Ressourcen sind wertvoll und sollten sparsam eingesetzt werden. Natürlich sind Mitarbeiterinnen und

Mitarbeiter eine besondere Ressource und bedürfen immer wieder einer besonderen Aufmerksamkeit, da sich Werte, Einstellungen und Wohlbefinden auch ändern können.

Was ist ein Markt?

Das Wort Markt kommt aus dem Lateinischen von „mercatus". Es bezeichnet einen Ort, an dem Handel betrieben wird, an dem also Waren gekauft und verkauft werden. Sicher kennst du Wochenmärkte, auf denen z. B. Obst, Gemüse, Fisch und Blumen verkauft werden, oder Flohmärkte, auf denen alte Möbelstücke, Trödel, Bücher oder CDs die Besitzerin oder den Besitzer wechseln. Solche Märkte gibt es überall in der Welt. Jeder Markt hat dieselben Grundlagen: Verkäufer versuchen, mit ihren Waren möglichst viele Kundinnen und Kunden anzusprechen, sie von den Vorteilen ihrer Produkte zu überzeugen und sie ihnen dann zu verkaufen. Die Käufer vergleichen die verschiedenen Angebote und versuchen, die Waren möglichst preisgünstig zu erwerben.

Die größten Märkte der Welt gibt es im Internet: eBay und Amazon sind Pioniere für digitale Handelsplattformen, auf denen die Unternehmen selbst Waren anbieten, aber auch Menschen aus aller Welt Handel betreiben. Wahrscheinlich hast du auch schon etwas bei eBay ge- oder verkauft. Der größte in Deutschland gegründete Internethändler heißt Zalando, und vielleicht hast auch du von Alibaba.com gehört, einem chinesischen Unternehmen, das mittlerweile die größte Handelsplattform der Welt ist.

Wochenmarkt

> "Alle Menschen haben gemeinsam, dass sie miteinander handeln, Dinge kaufen und verkaufen und sie gegeneinander tauschen"
>
> Adam Smith, schottischer Ökonom

Ein Markt ist überall da, wo es Angebot und Nachfrage gibt

Denk zum Beispiel an den Arbeits- oder Stellenmarkt. Wenn jemand eine offene Stelle mit einer neuen Arbeitskraft besetzen möchte oder wenn jemand einen Job sucht, kann er oder sie sich ans Arbeitsamt wenden oder in der Zeitung oder im Internet eine passende Stellenausschreibung aufgeben oder suchen. Ähnlich ist es, wenn jemand eine Wohnung mieten oder eine anbieten möchte – hierfür gibt es den Wohnungs- oder Immobilienmarkt. Auch Messen wie die Bootsmesse, die Touristikmesse oder die CEBIT sind Märkte, bei denen Verkäufer und Kaufinteressenten aufeinandertreffen.

Auch bei **Dienstleistungen** gibt es Angebot und Nachfrage, also einen Markt. Du brauchst einen Arzt oder eine Rechtsanwältin, einen Elektriker oder eine Nachhilfelehrerin? In Zeitungsanzeigen, im Branchenbuch oder im Internet wirst du fündig. Und wenn umgekehrt du selber möglichen Kundinnen und Kunden eine Dienstleistung anbieten möchtest, musst du dir Gedanken machen, wie sie von deinem Angebot erfahren.

Handeln im Internet hat Zukunft

In den letzten Jahren hat sich das Marktangebot im Internet sehr stark vergrößert und gerade junge Menschen greifen besonders oft auf diese Art des Markts zurück.

AUFGABEN

1 / ★ - BASIC
Auf welcher Art von Markt kaufst du selbst am liebsten? Antworte im Praxisheft und gib eine kurze Begründung.

Die Soziale Marktwirtschaft

Die freiheitliche Demokratie und die Soziale Marktwirtschaft bilden die Gesellschafts- und Wirtschaftsordnung der Bundesrepublik Deutschland. Sie basieren auf einem Menschenbild, das auf Freiheit in Verantwortung setzt.

Ein wesentliches Element der Sozialen Marktwirtschaft ist, dass die Möglichkeit zur freien unternehmerischen Betätigung mit der sozialen Absicherung (z. B. durch die Krankenversicherung) verbunden wird. Jede/r Bürger/in hat die Möglichkeit, ein Unternehmen zu gründen. Man benötigt nur in

Ausnahmefällen eine Erlaubnis des Staates, um ein Unternehmen zu gründen, muss aber Gesetze und rechtliche Bestimmungen einhalten.

Die Freiheit, ein Unternehmen zu gründen, gibt es nicht in allen Ländern. Man nennt sie „Gewerbefreiheit".

Der Gewerbefreiheit steht ein wachsamer Staat gegenüber, der über die Einhaltung der Regeln (Gesetze) wacht und der den Menschen, denen es nicht so gut geht, finanzielle Hilfe zukommen lässt (z. B. in Form des Arbeitslosengelds). Daher kommt das Adjektiv „sozial" vor dem Nomen „Marktwirtschaft".

Ludwig Erhard, von 1963 bis 1966 Bundeskanzler und vorher erster Wirtschaftsminister der Bundesrepublik Deutschland, hat über die Soziale Marktwirtschaft einmal gesagt:

„Zu den wesentlichen Bestandteilen der Sozialen Marktwirtschaft gehören die Eigenverantwortung, persönliche Initiative und das Privateigentum. Sie ist eine Gesellschaftsordnung, in der die Wahrnehmung der persönlichen Freiheit, der Gleichheit der Chancen und des wachsenden Wohlstands mit dem durch den Erwerb gesicherten sozialen Fortschritt in Einklang gebracht werden kann."

Entrepreneure werden durch den Wettbewerb motiviert, Wege zu finden, Ressourcen sparsamer einzusetzen und Kundenwünsche noch besser zu erfüllen. Wenn z. B. die Preise für Benzin dramatisch ansteigen, werden die Automobilhersteller kleinere Autos entwickeln, die weniger Benzin benötigen. Wettbewerb fördert Innovationen, z. B. neue Produkte oder eine bessere Qualität, denn wenn Entrepreneure einen höheren Preis von ihren Kundinnen und Kunden erhalten möchten, müssen sie auch mehr bieten.

> "WEGE, REICH ZU WERDEN, GIBT ES VIELE. SPARSAMKEIT IST EINER DER BESTEN."
>
> Sir Francis Bacon, englischer Staatsmann und Philosoph

- ▶ Durch unverantwortliche Geschäfte haben Manager von Banken in vielen Ländern, auch in den USA und Deutschland, die Finanzmarktkrise der Jahre 2008 und 2009 ausgelöst. Und Manager in Automobilunternehmen haben bei Abgaswerten systematisch betrogen.

- ▶ Es wird deutlich, dass die Marktwirtschaft missbraucht werden kann, wenn Menschen nur an den Profit und nicht auch an die Mitmenschen und die Umwelt denken. Trotzdem ist die Soziale Marktwirtschaft die beste Gesellschaftsform, um in Freiheit zusammen zu leben. Aber wir alle sind aufgerufen, uns zu engagieren und für die Soziale Marktwirtschaft im fairen Sinne einzutreten.

"ENTREPRENEURSHIP BEDEUTET, SICH EIN VERBESSERTES ODER SOGAR NEUES PRODUKT BZW. EINE DIENSTLEISTUNG ZU ÜBERLEGEN & SORGFÄLTIG ZU DURCHDENKEN, WIE DAS UNTERNEHMEN PRODUZIEREN, DEN KUNDEN ERREICHEN UND GEWINN ERZIELEN KANN."

Sven Ripsas, Berliner Entrepreneurship-Professor

Entrepreneure sehen Veränderungen als unternehmerische Chancen

Autohersteller müssen elektrische Fahrzeuge herstellen, weil viele Kunden nicht mehr bereit sind, Autos zu kaufen, die fossilen Treibstoff benötigen und damit unsere Umwelt verschmutzen (mehr dazu in Kap. 5). Für Großunternehmen wie Autohersteller kann es schwierig sein, auf Veränderungen zu reagieren. Sie neigen dazu, langsam auf neue Umstände einzugehen, da immer viele Leute betroffen sind und viel Geld in den bestehenden Unternehmen steckt. So können innovative Entwicklungen in Rückstand geraten.

Im Gegensatz dazu lieben Entrepreneure die Veränderung, weil sie schnell und flexibel reagieren und von der Langsamkeit der Großen profitieren können. Sie verstehen, dass Veränderungen die Chance für neue Geschäftsmöglichkeiten eröffnen. **Entrepreneure beobachten Trends und Entwicklungen und richten ihre Geschäftsideen danach aus.**

Das folgende Beispiel eines deutschen Startups zeigt, wie die Gründer mit ihrer Idee gleich zwei aktuelle Trends in der Gesellschaft aufgegriffen haben, nämlich "Alles Bio" und "Individualisierung" (= jeder, wie er oder sie es mag): maßgeschneiderte Produkte und Dienstleistungen für jeden speziellen Wunsch, oft mit dem eigenen Namen darauf.

Entrepreneure und ihre Idee

Die Geschichte von mymuesli

Max (22), Hubertus (24) und Philipp (24) studierten zusammen. Als sie im Sommer 2005 bei einer Autofahrt eine Radiowerbung für Müsli hörten, waren sie sich einig: Werbung und Müsli gehen besser! Sie stellten sich vor, dass die Kundinnen und Kunden ihr eigenes Lieblingsmüsli zusammenstellen könnten und alle Zutaten sollten aus Bio-Produktion sein. 2007 gründeten die drei Studenten mutig ihr Startup **"mymuesli"**, das weltweit erste Internetangebot für individualisiertes Müsli. Dann ging die Post ab …

Foto: mymuesli/Viktor Strasse

GO WEB
www.nfte.de/buch/kap1

AUFGABEN

1 / ★ - BASIC

Lies das ausführliche Portrait von „mymuesli" und mach dir selbst ein Bild, wie sich das Unternehmen über die Jahre weiterentwickelt hat.

2 / ★ - BASIC

Wer sind die Wettbewerber von "mymuesli"? Recherchiere im Internet und in Supermärkten und vergleiche kritisch die Angebote. Schreib die Ergebnisse in dein Praxisheft.

3 / ★★ - GO ON

Finden sich inzwischen auch Nachahmer im In- oder Ausland? Schreib die Ergebnisse in das Praxisheft.

4 / ★★★ - WOW

Kennst du Beispiele für den Trend zur Individualisierung in anderen Bereichen / Branchen der Gesellschaft? Notiere, was dir dazu einfällt.

Henning ist Entrepreneur und NFTE Schüler des Jahres 2017: Er hat erfolgreich ein digitales Stadtmagazin gegründet, werbefinanziert und kostenlos für User

Die Vor- und Nachteile, Entrepreneur zu sein

Dieses Buch zeigt dir, wie man Geschäftsideen entwickelt und ein kleines Unternehmen gründen und führen kann. Die meisten Menschen haben für sich noch nicht ernsthaft in Erwägung gezogen, ein Unternehmen zu gründen.

Aber wenn man darüber nachdenkt, kann man viel über sich und den eigenen Charakter lernen. Wenn du es versuchst, erkennst du vielleicht, was du mit deinem Leben machen möchtest. Du lernst grundlegende Dinge über Wirtschaft, zum Beispiel wie die Soziale Marktwirtschaft funktioniert.

Auch wenn du dich später entscheidest, kein eigenes Unternehmen zu gründen, wirst du durch die Erfahrung, einmal ein kleines eigenes Geschäft begonnen zu haben, als Mitarbeiterin oder Mitarbeiter viel wertvoller, wenn du für andere tätig bist. Arbeitgeber sind immer mehr daran interessiert, Leute anzustellen, die sich in der Wirtschaft auskennen.

Einige Vorteile sind:

▶ **Unabhängigkeit:**
Besitzer von Unternehmen müssen keine Anweisungen von anderen befolgen oder sich an Arbeitszeiten halten. Sie müssen aber ihre Kunden zufrieden stellen, um erfolgreich zu sein. Wie sie ihren Arbeitstag gestalten, bleibt ihnen überlassen.

▶ **Zufriedenheit:**
Eine Vorliebe oder ein Hobby in ein eigenes Unternehmen umzuwandeln, kann viel zufriedenstellender sein als einen angestellten Job zu haben, der keinen Spaß macht.

▶ **Finanzielle Belohnung:**
Einem Entrepreneur sind keine Grenzen gesetzt, wenn er oder sie eine gute Idee hat und bereit ist, engagiert zu arbeiten, um damit eigenes Geld zu verdienen. Wer allerdings schnell reich werden will, wird oft enttäuscht werden. Viele Entrepreneure haben in den ersten Jahren wenig verdient, später dann aber sehr viel. Die größten Vermögen in Deutschland, den USA und in der ganzen Welt wurden von Entrepreneuren geschaffen. Der Amerikaner Bill Gates und die deutschen Albrecht-Brüder (Gründer von ALDI) gehören zu den reichsten Menschen der Welt.

▶ **Selbstachtung:**
Das Wissen, etwas Wertvolles geschaffen zu haben, kann ein starkes Gefühl der Erfüllung vermitteln. Man fühlt sich zufrieden und ist stolz auf sich. Außerdem kann man im eigenen Unternehmen nicht vorübergehend entlassen oder ganz gefeuert werden.

Einige Nachteile sind:

▶ **Die Gefahr des Scheiterns:**
Viele kleine Unternehmen scheitern. Man riskiert, nicht nur das eigene Geld zu verlieren, sondern unter Umständen auch das anderer, die in das Geschäft investiert haben. Wenn man sich Geld geliehen hatte, muss man anschließend zudem noch die Schulden zurückzahlen. (Also überlege gut, wie viel Geld du beim ersten Mal einsetzt – und lerne schnell).

▶ **Hindernisse:**
Man wird mit unvorhersehbaren Problemen konfrontiert, die gelöst werden müssen. Gerade als junger Unternehmer oder junge Unternehmerin muss man damit rechnen, dass die Familie oder die Freunde viele Zweifel haben und die Idee nicht unterstützen – das kann entmutigend sein.

▶ **Einsamkeit:**
Man kann sich einsam fühlen, vielleicht auch Angst haben und sehr unter Druck stehen, wenn man uneingeschränkt für den Erfolg oder das Scheitern eines Unternehmens verantwortlich ist.

▶ **Finanzielle Unsicherheit:**
Einnahmen können steigen oder fallen, je nachdem wie erfolgreich das Unternehmen ist. Manchmal haben Entrepreneure nicht genug Geld, um für sich selbst die notwendigen Ausgaben zu decken. Oft erzählen Gründerinnen und Gründer auch, dass sie nicht selten schlecht schlafen, weil sie sich viele Gedanken über ihr Unternehmen machen.

▶ **Lange Arbeitszeiten und weniger Freizeit:**
Man muss lange Arbeitszeiten in Kauf nehmen, um das Unternehmen in Gang zu bringen und am Markt zu etablieren. Manche Entrepreneure arbeiten bis in die Nacht oder auch mal am Wochenende, wenn das notwendig ist. Entrepreneure haben deswegen manchmal weniger Zeit für Freizeitvergnügen wie Kino oder Tanzen. Dafür sind sie flexibler, weil sie selbst bestimmen können, wann sie arbeiten.

▶ Oft ist die erste Gründung nicht gleich erfolgreich. Daher solltest du gerade beim ersten Mal deine finanziellen Risiken gut kennen.

▶ Aus der Forschung weiß man aber, dass Gründerinnen und Gründer bei der zweiten und dritten Gründung schon wesentlich erfolgreicher sind.

▶ **Sie lernen! Und sie bleiben dran.**

GO WEB
www.nfte.de/buch/kap1

Zur Einstimmung darauf, dass du bald selbst deine eigene Geschäftsidee entwickeln und einen **Businessplan** dazu schreiben wirst, schau dir jetzt ein paar **Businesspläne von NFTE Schülerinnen und Schülern an**.

Lass dich durch sie anregen! Denn sie haben ja mal genauso angefangen wie du jetzt!

Die folgende Aufgabe kannst du lösen, sowie du einige Schüler-Businesspläne angeschaut hast (siehe unten):

AUFGABE

1 / ★ - BASIC
Notiere in deinem Praxisheft, welcher der Businesspläne dir besonders gefällt. Gib eine kurze Begründung.

Die 9 besten deutschen NFTE Schülerinnen und Schüler des Jahres 2017 vor dem Reichstag in Berlin

ZUSAMMENFASSUNG UND AUFGABEN

I. Ein Unternehmen zu führen, bedeutet Produkte oder Dienstleistungen zu verkaufen, mit dem Ziel, Gewinn bzw. Überschüsse zu machen.

A. Ein Angestellter/eine Arbeitnehmerin arbeitet für ein Unternehmen, das jemand anderem gehört.

B. Ein Entrepreneur/Unternehmer/Unternehmerin ist Eigentümer/Eigentümerin des Unternehmens und beschäftigt oft auch noch Angestellte.

II. Die meisten Unternehmen in Deutschland sind kleine und mittlere Unternehmen (KMU). Viele bekannte und erfolgreiche Unternehmen sind aus mutigen Gründungen von einem oder zwei Entrepreneuren entstanden.

III. Entrepreneur zu sein, hat Vor- und Nachteile

A. Vorteile sind u.a.: kreative Selbstbestimmung über das eigene Leben, die Möglichkeit eigene Idee umzusetzen, Zufriedenheit, Chance zu finanziellem Zugewinn, Selbstbestätigung und Anerkennung in der Gesellschaft

B. Nachteile sind möglicherweise u.a.: Fehlschlag des Unternehmens und finanzielle Risiken, Hindernisse und Enttäuschungen, Einsamkeit, Unsicherheit, lange Arbeitszeiten.

AUFGABEN

1 / ★ - BASIC

Erkunde deine Umgebung: deine Nachbarschaft, deine Gemeinde, dein Stadtviertel. Überlege und notiere im NFTE Praxisheft auf einer Seite mind. 5 Unternehmen. Das können Firmen aller Art sein, große und bekannte genauso wie junge Startups, Läden, Handwerksbetriebe, Restaurants, Imbissbuden usw. Stell sie im NFTE Kurs vor und redet dann gemeinsam über die Unternehmen, die ihr ausgewählt habt.

2 / ★★ - GO ON

Suche zusammen mit einem Partner oder einer Partnerin ein Unternehmen aus der Umgebung aus, das euch interessiert. Befragt zu zweit die von euch ausgewählte Unternehmerin oder den ausgewählten Unternehmer. **Die Fragen dafür findet ihr auf einem vorbereiteten Fragebogen im PRAXISHEFT.** Nach dem Interview macht aus den Antworten ein schriftliches Portrait und stellt es vor dem Kurs vor.

3 / ★★★ - WOW

Schreib einen freien Text von 1-2 Seiten und erkläre darin, warum wir in Deutschland eine **Soziale Marktwirtschaft** haben und welche Vorteile diese Wirtschaftsordnung hat.

Wie du Selbstvertrauen gewinnen und durchstarten kannst

Kapitel 2

Lernziele

Wenn du dieses Kapitel gelesen und die Übungen ausgeführt hast, kannst du:

- ✓ einen persönlichen Leitspruch finden und gestalten,
- ✓ mit dem Training beginnen, positiv zu denken,
- ✓ eine „Ja, ich kann!-Haltung" und Selbstvertrauen entwickeln,
- ✓ besser mit Fehlern umgehen, dir Ziele setzen und an ihrer Verwirklichung arbeiten.

> "Ein Optimist sieht eine Gelegenheit in jeder Schwierigkeit; ein Pessimist sieht eine Schwierigkeit in jeder Gelegenheit."
>
> Sir Winston Churchill, Staatsmann, Premierminister & Nobelpreisträger für Literatur

Gedanken haben Macht

Die Kraft deiner Gedanken gibt dir die Fähigkeit, dich als Person zu entwickeln und zu verändern. Deine Gedanken sind nicht neutral. Was du denkst, wirkt in deinem Gehirn wie Software und beeinflusst deinen Charakter und dein Leben.

Der indische Gelehrte und Weise **Buddha** hat das schon ungefähr 500 Jahre vor Christus erkannt und so ausgedrückt:

> "Alles, was wir sind, entsteht aus unseren Gedanken. Mit unseren Gedanken formen wir die Welt."

In diesem Kapitel wirst du viel darüber lernen, wie du deine Gedanken nutzen und eine lebensbejahende, offene und positive Einstellung entwickeln kannst. Viele Menschen spüren instinktiv, dass es ihnen gut tut, wenn sie mit einer fröhlichen, optimistischen Haltung in den Tag gehen – und dass dann auch vieles besser und leichter läuft. Vielleicht ist dir das auch schon aufgefallen. Aus dieser Erkenntnis lässt sich etwas machen!

Laura überzeugt mit ihrem Recycling-Spiel "flyver"

Wenn du positiv denkst, schenkst du dir selbst eine gute Stimmung, die dir Kraft gibt. Dir kommen leichter spannende Ideen, und du bist offen dafür, Chancen erkennen, die sich dir bieten. Auch bei anderen Menschen kommst du durch diese Haltung besser an. Wer eine solche Einstellung zum Leben ausstrahlt, bekommt auch leichter einen Job.

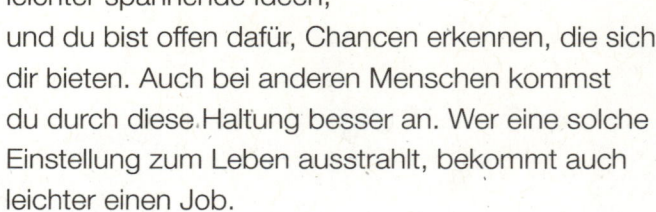

Wenn du negativ denkst, erzeugst du dagegen bei dir selbst Ängste und schlechte Laune. Dadurch schränkst du dich ein, hast keine gute Ausstrahlung auf deine Umgebung und wirst auch blind für Chancen.

Wer mit gesenktem Kopf und hängenden Schultern durch das Leben schlurft und sich kaum traut, anderen Menschen in die Augen zu schauen, wirkt wenig anziehend und vertrauenerweckend. Man traut ihm oder ihr nicht viel zu. Außerdem geht jeder gern mit offenen, fröhlichen, aufgeschlossenen Leuten um. Denk daran, dass du sicher selbst z. B. lieber in Geschäften einkaufst, in denen die Verkäufer/-innen und die Leute an der Kasse freundlich und hilfsbereit sind und nicht unwirsch und brummig. Angst und zu viel Stress können dem Körper auf unterschiedlichs-

te Weise schaden – das wurde durch viele wissenschaftliche Untersuchungen nachgewiesen.
(aus Wikipedia: Medizinisches zu Stress)
Und sie schaden auch dem Geist.

Es ist deshalb wichtig und hilfreich, daran zu arbeiten, Ängste und Stress bewusst und gezielt abzubauen. Du solltest dich also bemühen, eine optimistische Haltung zu entwickeln, die dir Energie und Stärke gibt – insbesondere vor besonderen Herausforderungen und schwierigen Situationen. Das gilt für dein Privatleben genauso wie für die Schule und später für den Beruf.

Auf den beiden nächsten Seiten findest du 40 Aussprüche von klugen Menschen, die dich ermutigen und dich dabei unterstützen sollen, eine offene und mutige Lebenseinstellung zu entwickeln. Es sind Lebensweisheiten und Sinnsprüche, auch „Aphorismen" genannt. Manche sind Jahrtausende oder Jahrhunderte alt, manche von heute.

Sie stammen aus ganz verschiedenen Kulturen, unter anderem von Dichtern und Philosophen, von einer Astronautin und einer doppelten Nobelpreisträgerin, von Sportlern und einer Musikerin, einer Architektin, einem Kaiser, einem Feldherrn und einem Präsidenten.

Viele Länder sind vertreten, z. B. Deutschland, China, England, Japan, USA, Frankreich, Italien, Uganda oder die Schweiz. Du wirst sehen, dass es sich lohnt, sich damit zu beschäftigen.

Manche Sprüche werden dich vielleicht nicht ansprechen, aber dafür gefallen dir wahrscheinlich andere sofort und sagen dir etwas.

AUFGABEN

4 / ★ - BASIC Aufgaben für den ganzen Kurs:

▶ Lies die 40 Sprüche alle sorgfältig durch. Triff dann eine persönliche Vorauswahl, welche 3 dich am meisten beeindrucken. Schreibe sie in dein NFTE Praxisheft und präge sie dir ein!

▶ Welcher der 3 Sprüche passt am allerbesten zu dir? Wähle jetzt deinen eigenen, Mut machenden Leitspruch/dein Motto für den NFTE Kurs und die Zeit danach! Er soll dir Glück bringen.

▶ Gestalte deinen Leitspruch so schön und auffällig wie möglich. Mach erst einen kleineren Entwurf (kommt in den NFTE Praxisheft oder in dein Zimmer), dann arbeite im Großformat auf Packpapier, einer Holzplatte oder Leinwand mit Farben, Leuchtstiften, Folien o.ä.

▶ Dekoriert mit den Sprüchen des ganzen Kurses das Klassenzimmer, einen Flur oder die Eingangshalle eurer Schule.

40 Zitate, die Mut machen

"Probleme sind Gelegenheiten, zu zeigen, was man kann."
— "Duke" Ellington, amer. Jazzmusiker, 1899-1974

"Wenn es keinen Weg gibt, werden wir einen Weg finden."
— Hannibal, Feldherr aus Karthago, im Jahr 200 vor Chr. er zog dann tatsächlich mit Elefanten über die Alpen

"Hebt man den Kopf, so sieht man keine Grenzen."
— Japanisches Sprichwort

"Wende dein Gesicht der Sonne zu, dann fallen die Schatten hinter dich."
— Sprichwort aus Uganda

"Ein Leben ohne Herausforderung ist nicht wert, gelebt zu werden."
— Plato, griech. Philosoph, 427-347 vor Christus

"Wer wagt, gewinnt!"
— Deutsches Sprichwort

"In jedem Menschen steckt viel mehr, als er selber weiß."
— Robert Jungk, deut. Zukunftsforscher, 1913-1994

"Eine Vision ist die Kunst, Unsichtbares zu sehen."
— Jonathan Swift, Ir. Schriftsteller, 1667-1745

"Nichts im Leben muss man fürchten. Man muss es nur verstehen."
— Marie Curie, poln. Nobelpreisträgerin für Physik & Chemie, 1867-1934

"Ein Produkt muss man erst träumen."
— Enzo Ferrari, ital. Autorennfahrer & Firmengründer, 1898-1988

"Ein kühnes Beginnen ist halbes Gewinnen."
— Heinrich Heine, deut. Dichter, 1797-1856

"Man muss das Unmögliche versuchen, um das Mögliche zu erreichen."
— Hermann Hesse, deut. Dichter & Literatur-Nobelpreisträger, 1877-1962

"Alle Hindernisse & Schwierigkeiten sind Stufen, auf denen wir in die Höhe steigen."
— Friedrich Nietzsche, deut. Philosoph 1844-1900

"Wer seinen eigenen Weg geht, dem wachsen Flügel."
— Alte Weisheit

"Wer einmal sich selbst gefunden hat, der kann nichts auf der Welt mehr verlieren."
— Stefan Zweig, öst. Schriftsteller, 1881-1942

"Gib nie auf, zu versuchen, das zu tun, was du wirklich tun willst. Ich glaube, solange Liebe und Inspiration dabei sind, kannst du nicht falsch liegen."
— Ella Fitzgerald, amer. Jazz-Sängerin, 1917-1996

"Nicht der Erfolg ist der Schlüssel zum Glück, sondern das Glück ist der Schlüssel zum Erfolg. Wenn du gerne tust, was du tust, wirst du auch erfolgreich sein."
— Albert Schweitzer, deut.-franz. Arzt & Philosoph, 1875-1965

"Wenn du alles gibst, kannst du dir nichts vorwerfen."
— Dirk Nowitzki, deut. Basketballspieler, geb. 1978

"Hindernisse sollen dich nicht aufhalten. Wenn du gegen eine Wand stößt, kehr nicht um! Klettere drüber, kriech hindurch oder geh um sie herum!"
— Michael Jordan, amer. Basketballprofi & Unternehmer, geb. 1963

"Man kann nicht jeden Tag etwas Großes tun, aber gewiss etwas Gutes."
— Friedrich Schleiermacher, deut. Theologe & Philosoph, 1768-1834

Finde deinen Leitspruch!

Kapitel 2 | 25

"Manchmal glaube ich, Kreativität ist Zauberei: Es geht nicht darum, eine Idee zu finden, sondern zu erlauben, dass die Idee dich findet."
— Maya Ying Lin, amer. Künstlerin & Architektin, geb. 1959

"Der Anfang ist die Hälfte des Ganzen."
— Aristoteles, griech. Philosoph & Naturforscher, 384 vor Chr.

"Krise ist ein produktiver Zustand. Man muss ihr nur den Beigeschmack der Katastrophe nehmen."
— Max Frisch, schw. Autor & Dramatiker, 1911-1991

"Es gibt nichts Gutes, außer man tut es."
— Erich Kästner, deut. Schriftsteller, 1899-1974

"Wege entstehen dadurch, dass man sie geht."
— Franz Kafka, deut. Schriftsteller, 1883-1924

"Ausdauer & Entschlossenheit sind zwei Eigenschaften, die bei jedem Unternehmen den Erfolg sichern."
— Leo Tolstoi, rus. Dichter, 1828-1910

"Nichts ist mächtiger als eine Idee, deren Zeit gekommen ist."
— Victor Hugo, franz. Schriftsteller, 1802-1885

"Man muss seinen Traum finden, dann wird der Weg leicht."
— Hermann Hesse, deut. Dichter & Literatur-Nobelpreisträger, 1877-1962

"Sobald du dir vertraust, sobald weißt du zu leben."
— Johann Wolfgang von Goethe, deut. Dichter, 1749-1832

"Du musst das tun, wovon du glaubst, dass du es nicht tun kannst."
— Eleanor Roosevelt, amer. Politikerin, Diplomatin & First Lady, 1864-1962

"Der Leitspruch „NIE AUFGEBEN" hat die Probleme der Menschheit gelöst & wird sie lösen."
— Calvin Coolidge, amer. Präsident, 1872-1933

"Selbstvertrauen ist das erste Geheimnis des Erfolges."
— Ralph Waldo Emerson, amer. Dichter, 1802-1883

"Das ist das Schöne an einem Fehler: Man muss ihn nicht zweimal machen."
— Thomas Alva Edison, amer. Erfinder, 1847-1931

"Eine Reise von tausend Meilen beginnt mit dem ersten Schritt."
— Lao-Tse, chin. Philosoph, 6. Jhd vor Chr.

"Wenn das Leben keine Vision hat, nach der man sich sehnt, die man verwirklichen möchte, dann gibt es auch kein Motiv, sich anzustrengen."
— Erich Fromm, deut.-amer. Philosoph, 1900-1980

"Plane das Schwierige da, wo es noch leicht ist. Tue das Große da, wo es noch klein ist. Alles Schwere auf Erden beginnt stets als Leichtes. Alles Große auf Erden beginnt stets als Kleines."
— Lao-Tse, chin. Philosoph, 6. Jahrhundert vor Chr.

"Sich etwas in den Kopf setzen, fördert die Fähigkeit, auf eigenen Füßen zu stehen."
— Ernst Ferstl, öst. Lehrer & Dichter, geb. 1955

"Ich gehe immer an meine Grenzen, gebe mein Bestes und bleibe mir zugleich selbst treu."
— Mae Carol Jemison, amer. NASA Astronautin & Ingenieurin

"Ein Mensch mit einer neuen Idee ist ein Narr solange bis die Idee sich durchgesetzt hat."
— Mark Twain, amer. Schriftsteller, 1835-1910

"Die Kunst ist, einmal mehr aufzustehen als man umgeworfen wird."
— Sir Winston Churchill, brit. Premierminister & Nobelpreisträger, 1874-1965

Optimismus und Selbstachtung

Optimismus ist ein auffälliges Kennzeichen erfolgreicher Gründerinnen und Gründer. Diese Entrepreneure sehen Probleme als Möglichkeiten an, sich zu bewähren und laufen nicht vor ihnen weg. Wenige Menschen sind aber geborene Optimisten.

Sehr viele optimistische Menschen sind so, weil sie sich aktiv darum bemühen, so zu sein. Sie wissen, dass eine positive geistige (mentale) Einstellung ihnen in ihrem privaten Leben hilft, zufriedener und glücklicher zu leben. Und zugleich sind sie überzeugt, dass ihr Glaube an sich selbst auch im Beruf ein wesentlicher Schlüssel zum Erfolg ist.

Ein Beispiel:
Die wenigen Programme, die übergewichtigen Menschen geholfen haben, dünner zu werden, konzentrieren sich darauf, die **Selbstachtung** zu verbessern.

Selbstachtung bedeutet eine positive Einstellung und Vertrauen in sich und die eigenen Fähigkeiten zu haben, das Leben aktiv und kreativ zu gestalten.

Vieles andere kommt dann fast von selbst. Du wirst dafür in diesem Buch Beispiele finden. Es kann dir also manches leichter machen, wenn du mit Selbstvertrauen, Mut und Optimismus durchs Leben gehst. Das ist nicht so schwer, wenn es sich um einen war-

▶ Sogar ein Hund erkennt, wenn jemand Angst hat und neigt daher eher dazu, diese Person zu beißen. Die beste Art an einem Hund, vor dem du dich fürchtest, vorbeizugehen ist, einen starken, furchtlosen Eindruck zu machen. Das bringt den Hund dazu, sich zurückzuziehen. (Bei der Dressur von Löwen, Tigern oder Bären funktioniert das übrigens ganz ähnlich.)

men sonnigen Tag handelt und du mit netten Leuten zusammen bist. Diese Haltung ist aber natürlich viel schwieriger aufzubauen und durchzuhalten, wenn du gerade viel Kummer, Pech und Ärger hast und dein Leben anstrengend ist und dich traurig macht. Um das trotzdem zu schaffen, ist Übung nötig. Sieh es so: Wenn du dein körperliches Erscheinungsbild und deine Kraft verbessern willst, musst du trainieren – z. B. laufen, schwimmen oder Gewicht heben, Gymnastik machen oder tanzen.

Es stärkt deine Fitness und hilft deinem Körper auch, wenn du weniger Süßigkeiten und fette Sachen isst und dafür mehr Obst und Gemüse. Trainieren kannst du aber auch deinen Geist und deinen Charakter. Deine Einstellung verbessert sich und wird in ähnlicher Weise stärker wie dein Körper.

Entwickle eine „Ja, ich kann!"-Haltung. „Ich tu das jetzt einfach!" und „Ich habe ja nichts zu verlieren, ich kann nur gewinnen!" und „Ich schaff das!"

Mach dir diesen kurzen Spruch zu eigen und sag ihn dir immer, wenn du Kraft brauchst, wenn du etwas sehr Wichtiges vorhast – und besonders auch, wenn du vor etwas Angst hast und an dir zweifelst.

Du wirst überrascht sein, wie viel das ausmacht. Das hilft dir in der Schule, vor Klassenarbeiten und Prüfungen, gegenüber deinen Eltern und Geschwistern, bei Bewerbungen und Präsentationen – immer dann, wenn es darauf ankommt. Stell dir einfach vor, du programmierst dich selbst um – auf Selbstvertrauen! Deine eigene Haltung entscheidet wesentlich darüber, wie andere sich dir gegenüber verhalten!

JA, ICH KANN!

DER BIZTIPP

- ▶ **Achte auf deine Körperhaltung!** Geh bewusst sehr gerade und aufrecht, nimm die Schultern zurück und hebe das Kinn etwas höher als sonst (Übe das am besten vor dem Spiegel!).

- ▶ **Schau jeden, der dir begegnet (egal ob bekannt oder fremd) freundlich an und lächle.**

- ▶ **Wenn du mit jemandem sprichst,** sieh ihm oder ihr direkt in die Augen und sei ein besonders aufmerksamer und geduldiger Zuhörer.

AUFGABEN

1 / ★ - BASIC
Probiere alle Empfehlungen aus dem BizTipp einen ganzen Tag lang aus – vom Aufstehen morgens bis zum Ins-Bett-Gehen! Beobachte die Wirkung deiner „Ja, ich kann-Haltung" auf deine Mitmenschen – hat sich etwas verändert?

2 / ★ - BASIC
Halte das Ergebnis deiner Beobachtungen schriftlich fest und hefte es in das NFTE Praxisheft. Wenn es nicht gleich klappt mit der veränderten Haltung, arbeite daran. Dranbleiben und Üben helfen!

Du wirst überrascht sein, welch positive Wirkung du mit diesem Verhalten erzielst. Man wird dich sympathisch und offen finden, interessiert auf dich reagieren und dir etwas zutrauen. Denn wer sich selbst etwas zutraut, dem trauen auch andere eher etwas zu.

Das Powerspiel – Du kannst mehr als du denkst

In diesem Buch lernst du NFTE Schülerinnen und Schüler kennen, die schon weit damit gekommen sind, aus ihren Träumen Wirklichkeit zu machen. Sie haben ihre Haltung verändert, sich Ziele gesetzt und sie nach und nach umgesetzt. Auch bei Schwierigkeiten haben sie nicht aufgegeben.

Ihr spannendes Beispiel soll dich ermutigen. Sie erzählen von sich, um etwas zurückzugeben an andere NFTE Schülerinnen und Schüler, damit auch die sich etwas zutrauen und durchstarten.

Auf den folgenden Seiten stellt sich dir **Mona** vor – eine ehemalige NFTE Schülerin, die auch die Grafik für dieses Buch gemacht hat, das du gerade in deinen Händen hältst.

Nils aus Baden-Württemberg beim Bundesevent

Von der NFTE Schülerin zur Entrepreneurin und Art Directorin: Mona Wingerter

Mit 15 Jahren war ich sehr schüchtern, introvertiert und hatte auch wenig Selbstvertrauen. In der Schule hatte ich so gut wie keine Freunde und wurde von meinen Mitschülern und Lehrern nur wenig wahrgenommen. Ich war dementsprechend auch keine wirklich gute Schülerin und eckte oft an. Die Schule hat mir damals gar keinen Spaß gemacht. Für mich war sie nur das Mittel zum Zweck, um später endlich etwas machen zu können, worauf ich wirklich Lust hatte.

Meine damalige Wirtschafts- und Sozialkundelehrerin machte mich darauf aufmerksam, dass sie einen Nachmittagskurs namens NFTE anbiete und ob ich Lust hätte daran teilzunehmen. Sie war der Meinung, das sei das Richtige für mich.

In dem Kurs war alles anders! Man hatte fast Einzelunterricht, die Lehrerin ging speziell auf jeden einzelnen ein, und die Stunden rasten nur so dahin.

Ich kann mich noch erinnern, dass wir z. B. losgingen, um Materialien für Sandwiches zu kaufen, um diese dann herzustellen. Anhand von den Ausgaben der Materialien haben wir dann errechnet, für wie viel wir sie verkaufen mussten, um Gewinn zu machen. Wir haben unsere Stärken und Schwächen herausgefunden und wie wir sie für uns einsetzen können. Auch als Gruppe sind wir total zusammengewachsen und haben uns gegenseitig unterstützt, was ich aus normalen Unterrichtsstunden nicht kannte. Außerdem hat für mich Wirtschafts- und Sozialkunde dann viel mehr Sinn ergeben, da ich die Dinge auf einmal verstand, weil sie vorher im NFTE Unterricht greifbar geworden waren.

Die Arbeit an meiner kreativen Geschäftsidee „BOOOM" hat mir viel Spaß gemacht: Ich entwarf individuell designte Shirts und Tops für meine Kunden. Dazu hatte ich einen Fragebogen entwickelt, in dem die Kunden ihre Lieblingsfarbe, Lieblingsband, Lieblingsschuhe, wichtigsten Hobbys und vieles mehr eingeben konnten. Auch Fotos konnten eingereicht werden. Aus diesen Zutaten erstellte ich am Computer ein Gesamtmotiv und bedruckte damit ein einzigartiges Shirt.

Mein Logo habe ich mit einem Freund entwickelt, der sich mit Grafikprogrammen ein wenig auskannte. Er hat mich auch zu Photoshop

Jung, kreativ, Entrepreneur!

hingeführt, einem Programm, das ich heute noch benutze. Ich wollte damals einfach ein Logo, das knallt und den Betrachtern sofort ins Auge fällt.

Meine Idee kam zu meiner großen Überraschung so gut an, dass ich nicht nur in meiner Schule in Worms den 1. Platz gewann, sondern schließlich sogar Bundessiegerin wurde! Ich gewann einen Geldpreis – und noch viel toller: eine Reise nach New York zur NFTE Gala, bei der ich NFTE Schüler aus aller Welt traf.

New York war für mich einer der prägendsten Momente in meinem Leben, in vielerlei Hinsicht. Mit 15 alleine nach New York zu können und die Stadt auf mich wirken zu lassen, die Stadt die niemals schläft, die man in jedem Film sieht, war schon verrückt.

Dazu kam, dass ich Freude daran fand, mit den Schülern, die vor Ort waren und aus verschiedenen Ländern kamen, zu kommunizieren und festzustellen, dass es ihnen in vielen Dingen ähnlich ging wie mir und dass wir dieselben Ängste und den Humor teilten. Der ganze Trip an sich nahm mir so viel Angst, allein dadurch, dass so viel positives Feedback von allen Seiten kam: Menschen hörten mir zu und sagten mir, mach da was draus, die Idee ist gut! Und NFTE Mitarbeiter, die jederzeit für noch so dumme Fragen ein offenes Ohr hatten.

Wenn ich zurückblicke, kenne ich niemanden, der sagen kann, er hätte mit 15 Jahren am Times Square gestanden und im Ballsaal vor 1.500 Leuten aus der Wirtschaft auf Englisch seine Unternehmensidee erklärt. Das vor Augen, kann man so gut wie alles im Leben erreichen, und darauf bin ich heute noch sehr stolz.

Der NFTE Kurs hat meine Sicht auf viele Dinge verändert: z. B., dass man einfach positiv denken muss, dass man nicht gleich nach dem ersten Rückschlag aufgeben sollte, dass jeder Mensch etwas Besonderes ist und auch besondere Dinge kann.

Ich habe erfahren, dass man selbst auch genauso wertvoll ist wie jeder andere, dass man sich Dinge trauen sollte, um aus seinem Schneckenhaus zu kommen und um die Ziele zu erreichen, die man sich selbst gesetzt hat.

Jung, kreativ, Entrepreneur!

Und ich habe gelernt, dass es sich lohnt hart zu arbeiten, wenn man selbst von einer Idee überzeugt ist, und somit auch andere davon überzeugen kann, dass sie gut ist. Ich glaube schon, dass es vielen aufgefallen ist, dass ich anders geworden bin. Ich selbst hatte den Eindruck, dass viele auf einmal offener und aufgeschlossener zu mir waren, da ich es wahrscheinlich selbst auch ausstrahlte.

Ich zog mich anders an, fand Gefallen an Mode und traute mich mehr durch mein neu gewonnenes Selbstbewusstsein. Meine Eltern waren total begeistert und stolz auf diese mächtige Entwicklung, die ich in nur weniger Zeit zurückgelegt habe. Sie sagen mir heute noch, dass damals das Fundament dafür gelegt wurde, dass ich jetzt so bin wie ich bin, positiv auf Menschen wirke und offen auf jeden zugehe.

Auch die Lehrer nahmen mich auf einmal mehr wahr und gaben mir Chancen, mich zu beweisen. Meine Noten wurden besser, ich liebte es auf einmal, vor der Klasse zu stehen und gesehen zu werden und die Aufmerksamkeit zu bekommen, die ich vorher probiert hatte zu vermeiden. Durch das Feedback und den regelmäßigen Kontakt zu NFTE war mir sehr klar, dass ich etwas im grafischen Bereich machen wollte. Ich fand schnell heraus, dass es einen damals noch recht unbekannten Ausbildungsberuf als **Mediengestalter** gab.

Also setzte ich mich nach der Schule hin, erstellte eine Mappe, brachte mir die Grafik-Programme selbst bei, die ich beherrschen musste und strukturierte mich. Ich bekam nach dem Realschulabschluss schließlich eine passende Lehrstelle und führte mein kleines Unternehmen nebenbei weiter.

Die Zeit als Azubi war für mich sehr schwer, da ich es vorher gewohnt war, eigenständig zu arbeiten und gefördert zu werden. Jetzt wurde ich teilweise ausgenutzt, machte Überstunden, kam abends nach 21 Uhr heim und stand morgens um 5 wieder auf, um meinen Zug zu bekommen. Ich war immer kurz davor aufzugeben, das einzig Positive, dass ich hatte, war mein eigenes Unternehmen, das mich immer wieder motivierte und daran erinnerte, wo ich irgendwann hin will und warum ich das Ganze überhaupt machte.

JUNG, KREATIV, ENTREPRENEUR!

Ich biss die Zähne zusammen, wechselte zwischendurch sogar den Ausbildungsbetrieb, machte abends noch meinen Führerschein und hielt irgendwann mein Ausbildungszeugnis in den Händen.

Im Nachhinein denke ich gerne an die schwere Zeit zurück, um mir in den Kopf zu rufen, wie stark ich damals war. Und um stolz darauf zu sein, es durchgezogen zu haben – sonst wäre ich heute nicht da wo ich bin.

Als ich die Duale Ausbildung machte und in der Schule saß, merkte ich, dass ich das BOOOM-Logo langsam aufgrund meiner erlernten Kenntnisse mal erneuern und alles größer aufziehen sollte. Denn ich bekam immer mehr Nachfragen, wann es denn mal wieder etwas Neues im Shop zu kaufen gibt. „The Golden Heart" gibt es ca. seit 2009, die Gründung meines neuen Unternehmens war ein schleichender Prozess.

Den alten Namen fand ich nicht mehr passend. Irgendwann kam ein guter Freund zu mir und meinte, er hätte mein Lied gefunden, einen Song von Reo Speedwagon – „Girl with the heart of Gold".

Der gefiel mir so gut, dass daraus immer mehr und mehr The Golden Heart Store wurde. Ich habe mittlerweile einen kleinen Onlineshop, in dem ich alles auf Papier, Shirts oder sonstige Gegenstände bringe, was so in meinem Kopf rumschwirrt, um mich kreativ auszutoben. Ich habe nach meiner Ausbildung, um Erfahrungen zu sammeln und meine Mappe neu füllen zu können, in 2 etwas kleineren Agenturen gearbeitet und es bis zum Titel „Art Directorin" gebracht.

Irgendwann kam ich an den Punkt, an dem ich merkte, dass mein grafischer Schwerpunkt durch meinen Onlineshop eher im modischen Bereich liegt und ich keine Freude mehr daran hatte, Flyer für den Bäcker um die Ecke zu machen.

Also habe ich mich hingesetzt, mir eine neue Mappe erstellt und mir überlegt, wie ich mich präsentieren will, wo ich mich in der Zukunft sehe und in welchem Unternehmen ich gerne arbeiten möchte. Kurz darauf habe ich Initiativbewerbungen geschickt und auch den Job in einer deutschen Weltfirma in der Mode-Branche bekommen, in dem ich jetzt arbeite.

Ja, im Moment bin ich beides, Angestellte und Entrepreneurin, das ist mein Yin und Yang.

Manche Menschen machen gerne Sport oder andere Hobbys, bei mir ist es mein Unternehmen. Es macht mir Spaß, nach der Arbeit in einen anderen Job zu schlüpfen, mein eigener Chef zu sein, Shootings zu organisieren, neue, wirre, verrückte Ideen zu entwickeln, mich auszutoben, auch mal Fehler machen zu können, aus diesen zu lernen und zu

Jung, kreativ, Entrepreneur!

Vielleicht gefällt es mir in 5 Jahren so nicht mehr, der Drang, meine eigene Chefin zu sein wird immer größer und ich mache einen kleinen Laden oder eine Galerie auf.

Ich will mir die Spannung offen lassen, was irgendwann passieren wird. Ich bin froh, dass ich dafür bis heute alles in die Wege geleitet und erarbeitet habe, um jetzt an diesem Punkt zu sein.

Monas Mode von Profimodels getragen

wachsen, neue Netzwerke zu knüpfen und meine eigenen Werke zu präsentieren. Dann aber auch wieder den Ausgleich dazu zu haben und in einem großen Konzern zu arbeiten, Strukturen zu haben und nach diesen zu arbeiten. Im Moment ergänzt es sich gut miteinander, und ich führe dadurch ein kreatives, einzigartiges Leben.

Meine Zukunftsvision? Genaue Vorstellungen habe ich nicht, nur einen leichten Schimmer – ich sehe mich irgendwann in einem großen Raum an einem Laptop mit einem Hund neben mir. Ich habe bis jetzt alles erreicht, was ich erreichen wollte und warte darauf, bis mir das nächste Ziel einfällt. Aus dieser Situation heraus entscheide ich wieder neu.

AUFGABEN

1 / ★ - BASIC

Wie war Mona früher? Wie wirkt sie jetzt auf dich?

2 / ★★ - GO ON

Wie ist Mona mit Schwierigkeiten umgegangen? Was beeindruckt dich daran?

3 / ★★★ - WOW

Schreibe einen Text über Mona, in dem die Begriffe „Kreativität", „Selbstvertrauen", „Zielsetzung", „positive mentale Einstellung", „New York" und „Angestellte und Entrepreneurin" vorkommen.

Eine neue Sichtweise zu Fehlern entwickeln

Schon in der Schule gibt es jede Menge Möglichkeiten, Fehler zu machen: Rechenfehler, Rechtschreibfehler, Grammatikfehler, Flüchtigkeitsfehler, Vokabelfehler, Ausdrucksfehler, Einschätzungsfehler – Fehler über Fehler!

Meist werden sie mit Rotstift angestrichen, verschlechtern die Noten und ärgern und schmerzen natürlich diejenigen, denen sie passiert sind.

Viele Menschen haben sehr große Angst davor, Fehler zu machen. Sie haben wenig Vertrauen zu sich selbst und befürchten, immer wieder zu scheitern. Vielleicht gehörst du dazu? Kennst du diese Angst, die vor Klassenarbeiten, Präsentationen und Prüfungen besonders stark werden und dich nervös machen kann? Möglicherweise bist du auch in diesem NFTE Kurs noch unsicher und machst dir Sorgen, ob es dir überhaupt gelingen wird, einen eigene Geschäftsidee und dann sogar einen Businessplan zu entwickeln und zum Schluss vor einer Jury aus der Wirtschaft vorzustellen.

Aber das schaffst du, wenn du es richtig angehst!

Zum Glück stehen im NFTE Kurs – das wirst du schnell bemerken und sicher angenehm finden – deine Fehler und Schwächen einmal nicht im Vordergrund. Stattdessen geht es hier um deine **Stärken und Talente**: um die Dinge, die du am besten kannst und am liebsten machst.

Du kannst also zeigen, was in dir steckt! Wenn du zu den glücklichen Menschen gehörst, die ein festes Vertrauen in sich selbst haben und nicht so leicht unsicher werden, bleib dieser Haltung treu und nutze sie für deinen persönlichen Erfolg.

Nicola entwickelte eine App zur Zeiterfassung

Fehler werden aber auch dir trotzdem unterlaufen. Es lohnt sich für alle, sich mit dem Thema FEHLER noch einmal näher zu beschäftigen.

Fehler macht jeder Mensch. Auch sehr erfolgreiche und berühmte Menschen machen in ihrem Leben immer wieder Fehler.

Viele erfolgreiche Gründerinnen und Gründer berichten ganz offen darüber, wie oft sie auf dem Weg zu ihrem Ziel Fehler gemacht haben und welche Niederlagen sie durchstehen mussten. Trotzdem gaben sie nicht auf!

Merke dir diesen Satz: Einer der schlimmsten Fehler, die man machen kann, ist, ständig Angst vor Fehlern zu haben.

Wer sich sagt: „Ich schaff' das ja sowieso nicht!", läuft große Gefahr, dass dann wirklich nichts klappt. Dadurch lähmt und behindert man sich und verringert die eigenen Chancen, glücklich zu leben und erfolgreich zu werden.

Eine neue Einstellung:
Versuche Fehler mit mehr Gelassenheit zu betrachten. Sieh sie als Erfahrungen an! Und mach dir immer klar, dass auch andere Menschen Fehler machen, nicht nur du. Wichtig ist, wie man mit seinen Fehlern umgeht:
Fehler sind immer eine Chance, es beim nächsten Mal besser zu machen.

Konzentrierte Arbeit im NFTE Kurs ...

... Spaß im Unterricht in Mecklenburg-Vorpommern

Ziele setzen und sie mutig angehen

„Eins nach dem anderen – dann klappt die Sache" ist eine alte Lebensweisheit, an die man sich immer erinnern sollte, wenn man ein Ziel erreichen will – angefangen von einer guten Ausbildung bis hin zur Gründung eines Unternehmens.

Sehr wenige Ziele werden schnell erreicht. Normalerweise ist es die **Hartnäckigkeit**, die es einem Menschen ermöglicht, ein erfolgreiches Unternehmen zu gründen oder ein Heilmittel für eine Krankheit zu finden – oder an der Universität einen akademischen Titel zu erwerben.

Da es Zeit und Ausdauer erfordert, Ziele zu erreichen, ist es eine gute Idee, es sich zur Angewohnheit zu machen, diese aufzuschreiben. Indem du sie notierst, programmierst du dein Hirn darauf, sich damit zu beschäftigen. Du schließt sozusagen einen Vertrag mit dir selbst. Das nennt man Zielsetzung.

Was möchtest du in dieser Woche, in diesem Monat, in diesem Jahr oder in deinem Leben erreichen? Denk darüber nach!

Sowie du dir über deine Ziele klar bist, wirst du feststellen, dass du nicht mehr so leicht im Alltagsfrust stecken bleibst und dass vieles einfacher wird und mehr Spaß macht als vorher. Das liegt daran, dass du nun weißt, „wohin die Reise gehen soll". Du betrachtest Dinge anders, zielorientierter. Du entwickelst eine Perspektive.

Vielleicht macht dir dann auch das Lernen bald mehr Spaß, weil dir klarer ist, w o f ü r du lernst.

Der NFTE Kurs soll dir dabei helfen, deine persönlichen Ziele zu finden und in Zukunft klar vor Augen zu sehen. Jetzt stehst du natürlich erst ganz am Anfang.

MEIN ZIEL: DAS NFTE ZERTIFIKAT

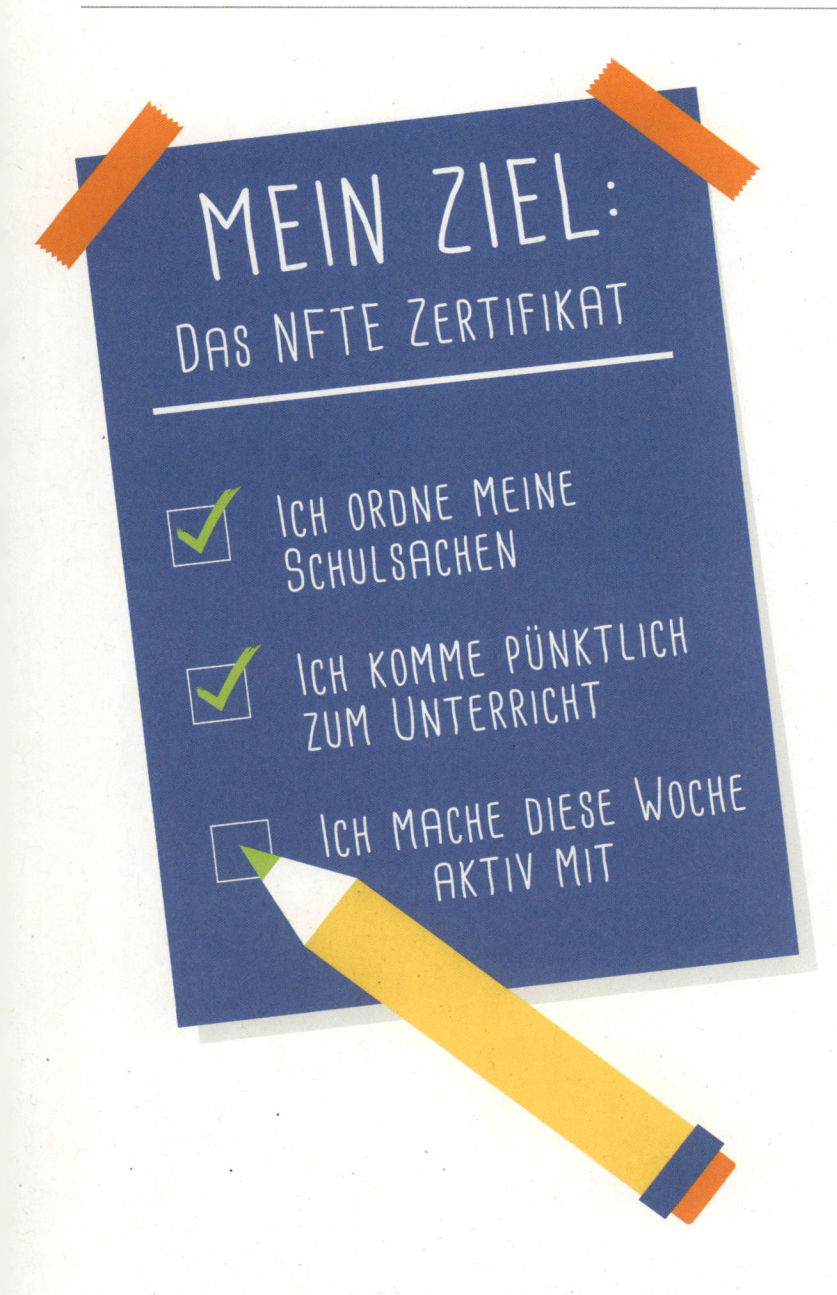

- ☑ Ich ordne meine Schulsachen
- ☑ Ich komme pünktlich zum Unterricht
- ☐ Ich mache diese Woche aktiv mit

Setz dir nun gleich schon mal ein Ziel, das du am Ende des Kurses erreicht haben willst. Das bringt dich weiter!

Hier sind Beispiele zur Anregung:

▶ Ich will im NFTE Kurs eine Geschäftsidee finden, die mir richtig Spaß macht oder:

▶ Ich will am Ende des NFTE Kurses der Jury meinen eigenen Businessplan vorstellen und ein Zertifikat bekommen

Dann legst du dazu deine **Zwischenziele** (Nahziele) fest: kleine und messbare Schritte, die in einer Woche gut zu schaffen sind – etwa so:

▶ Ich komme zum NFTE Kurs ganz pünktlich

▶ Ich habe alle Sachen dabei, die gebraucht werden

▶ Ich gestalte meinen NFTE Praxisheft so, dass es richtig gut aussieht

Jetzt denke dir dein erstes eigenes Ziel für den Kurs und ein paar Zwischenziele aus und schreibe sie in das NFTE Praxisheft. Ein Tipp:

Schau während des Kurses immer mal wieder darauf, um dich zu erinnern und zu sehen, ob du schon Zwischenziele erreicht hast. Wenn es geklappt hat, kannst du zufrieden mit dir sein. Natürlich werden deine Ziele dir nach und nach noch klarer werden, und es werden wahrscheinlich auch ganz neue dazukommen. Bleib dran!

ZUSAMMENFASSUNG UND AUFGABEN

I. Eine neue Einstellung kann dir Selbstvertrauen geben

A. Deine Gedanken beeinflussen deinen Charakter.
B. Negative Gedanken können sogar deinem Körper schaden.
C. Positive Gedanken sind ein Schlüssel zu deinem Erfolg.

II. Versuche positiv zu denken

A. Durch das, was du denkst, kannst du beeinflussen, wie gut dein Gehirn arbeitet.
B. Positives Denken erzeugt leichter gute Ideen. Negative Gedanken erzeugen eher schlechte oder gar keine Ideen.
C. Wie dein Körper, kann auch dein Geist durch Training gestärkt werden.

III. Eine neue Einstellung zu Fehlern entwickeln

A. Angst vor Fehlern ist ein schlimmer Fehler und führt zu neuen Fehlern.
B. Alle Menschen machen Fehler. Es kommt auf den Umgang damit an.
C. Fehler sind Erfahrungen und bieten Chancen, es beim nächsten Mal besser zu machen.

IV. Ziele aufzuschreiben und sie mit positiver mentaler Energie anzugehen, kann helfen, sie tatsächlich zu erreichen.

A. Setz dir klare Ziele.
B. Geh in kleinen Zwischenschritten vor und halte deine Ziele schriftlich fest.
C. Eine „Ja, ich kann! - Haltung unterstützt dich dabei, deine Ziele zu erreichen.

AUFGABEN

1 / ★ - BASIC
Welche Einstellung ist für Entrepreneure am wichtigsten und warum? Antworte im Praxisheft.

2 / ★★ - GO ON
Einstellung, Selbstachtung, Positives Denken, Ziele setzen. Verwende jeden einzelnen dieser neuen Begriffe, um eine Aussage über dich selbst zu treffen (Ein Satz für jeden Begriff genügt).

3 / ★★★ - WOW
Welche drei Dinge kannst du tun, um deine Träume wahr werden zu lassen? Schreibe einen kleinen Text dazu.

Merkmale erfolgreicher Entrepreneure und wie sie unternehmerische Chancen erkennen

Kapitel 3

Lernziele

Wenn du dieses Kapitel gelesen und die Übungen ausgeführt hast, kannst du:

- ☑ Merkmale erfolgreicher Unternehmer und Unternehmerinnen auflisten,
- ☑ deine eigenen Stärken erkennen und dein unternehmerisches Potenzial erforschen,
- ☑ deine Energie fokussieren, also zielgerichtet einsetzen,
- ☑ unternehmerische Chancen erkennen, die auch (aber nicht nur) in der Digitalisierung liegen und
- ☑ zwischen einer spontanen Idee und einer unternehmerischen Chance unterscheiden.

> "Es ist besser ein Licht anzuzünden, als über die Dunkelheit zu klagen."
>
> Konfuzius, chinesischer Philosoph und Lehrer

Wer wird eigentlich Entrepreneur/ Unternehmer/Unternehmerin?

Viele erfolgreiche Entrepreneure sind in ihr Leben mit sehr wenig Geld und schlechter Bildung gestartet. Oft kommen sie aus Familien mit wenig Geld, sind aber stark darin, Zukunftsträume zu haben und diese Wirklichkeit werden zu lassen. Manche Entrepreneure kommen natürlich auch aus Familien mit mehr Geld, aber nicht immer geben die Eltern den Kindern Geborgenheit und Anerkennung. Unter schwierigen Verhältnissen aufzuwachsen, kann dabei helfen, willensstark und wettbewerbsfähig zu werden. Dies sind zwei der Eigenschaften, die Entrepreneure benötigen, um erfolgreich zu sein.

Zahlreiche Migrantinnen und Migranten sind Unternehmer geworden. Viele dieser Menschen aus anderen Ländern haben in Deutschland Unternehmen gegründet. Diese Unternehmen befriedigen oft zunächst die Bedürfnisse der unmittelbaren Nachbarschaft, in der die Unternehmerinnen bzw. die Unternehmer leben, z. B. Restaurants und Reinigungen. Viele dieser Unternehmen wachsen dann aber und sind sehr erfolgreich.

Entrepreneure brauchen Energie

Ein Entrepreneur kann beschrieben werden als eine Person, die ein Unternehmen mit neuen Ideen aufbaut und leitet. Um eine Geschäftsidee zu finden, zu entwickeln und erfolgreich zu machen, brauchst du Willen, Beharrlichkeit und Energie. Die Energie, die du als Entrepreneur benötigst, hast du nur bei einer vernünftigen geistigen und körperlichen Verfassung. Junge Menschen haben eine Menge Energie, aber wissen nicht immer, was sie damit anfangen sollen – haben manchmal „keinen Plan".

Strahlt Energie aus: Roman beim Pitch

Wenn du einen Teil deiner Energie auf etwas Sinnvolles (wie z. B. dein eigenes Unternehmen) ausrichten kannst, wirst du persönlich und finanziell große Fortschritte machen.

Sowie du ein klares Ziel vor Augen hast, wirst du dich besser fühlen und leichter lernen können.

> ▶ Lies an dieser Stelle noch mal das Zitat von Einstein, das ganz am Anfang dieses Buchs zu finden ist!
>
> ▶ Manche Jugendliche, die einen NFTE Kurs abgeschlossen haben, haben später schon ihr eigenes Unternehmen gegründet.

Merkmale erfolgreicher Entrepreneure

Manche erfolgreiche Entrepreneure waren schon als Kinder sehr unternehmungslustig. Bereits in einem frühen Alter zeigten sie Merkmale, die Entrepreneure brauchen, um erfolgreich zu sein. Vielleicht hast du schon einmal auf einem Flohmarkt deine alten Sachen verkauft. Andere Entrepreneure haben mit 20 Jahren oder noch viel später ihr erstes Unternehmen gegründet. Es ist nie zu spät, zu starten.

Niemand ist mit allen Merkmalen geboren worden, die für den unternehmerischen Erfolg benötigt werden. Wenn du aber über Energie, Motivation und Begeisterungsfähigkeit verfügst, dann kannst du z. B. die anderen Charaktermerkmale und Kompetenzen entwickeln oder durch eine Teamgründung in dein Unternehmen holen.

Schau auf die folgende Liste. Wenn du sie gelesen hast, notiere die Merkmale, die du bereits besitzt und die, an denen du noch arbeiten musst bzw. die deine Teammitglieder haben sollten:

▶ **Begeisterungsfähigkeit und Einfühlungsvermögen (Empathie)**
sich für ein Thema ganz besonders zu interessieren und die Fähigkeit sich in Situationen und Menschen hineinversetzen zu können, um darin Experte zu werden, ist für Entrepreneure wichtig - einerseits um neue Lösungen für Probleme zu finden, andererseits um Kunden zu begeistern und Mitarbeiterinnen und Mitarbeiter mitzureißen.

▶ **Lernbereitschaft**
ein Entrepreneur lernt jeden Tag etwas Neues, von seinen Kunden, von seinen Mitarbeitern oder seinen Lieferanten und er oder sie halten die Augen offen und versuchen neue Technologien (z. B. Apps, Roboter) zu verstehen und anzuwenden.

▶ **Selbstvertrauen**
der Glaube, dass du das erreichen kannst, was du dir vorgenommen hast.

▶ **Ehrlichkeit**
der Vorsatz, nicht zu lügen und in Beziehungen zu anderen Menschen ehrlich und verlässlich zu sein.

▶ **Organisation**
die Fähigkeit, das eigene Leben zu ordnen, Aufgaben korrekt und pünktlich durchzuführen und Informationen übersichtlich zu verwalten.

▶ **Überzeugungskraft**
die Fähigkeit, andere vom eigenen Standpunkt zu überzeugen und sie für die eigenen Ideen zu interessieren.

▶ **Disziplin**
die Fähigkeit, sich auf ein Ziel zu konzentrieren und sich an einen Zeitplan und an Termine zu halten.

Vom NFTE Schüler zum Entrepreneur und Veranstaltungstechniker: Fabian Grohmann und sein Unternehmen

Zum ersten Mal hatte ich 2011 mit NFTE zu tun - in meiner damaligen niedersächsischen Realschule in einem Wahlpflichtkurs im achten Jahrgang.

Den Kurs fand ich sehr interessant, da es in diesem Fach möglich war, eigene Ideen zu entwickeln und sie marktfähig und „zukunftssicher" zu gestalten. Wirtschaftliche und ökologische Aspekte wurden behandelt und Probleme konstruktiv gelöst.

Ich hatte eine Lehrerin im NFTE Kurs, die sehr auf Disziplin achtete und uns half, bei der Sache zu bleiben. Dadurch konnte meine Idee laufend verbessert werden und sich so stabilisieren.

Aus meinem Hobby „Veranstaltungstechnik", das ich bis heute mit viel Leidenschaft verfolge, ist meine Geschäftsidee „Chrom Eventtechnik" entstanden. Denn schon mit knapp 11 Jahren hatte ich in der Schule an einer AG Veranstaltungstechnik teilgenommen, die mir sehr großen Spaß gemacht hatte.

Meine Grundidee war, maßgeschneiderte Veranstaltungstechnik (Mikros, Ton, Musik, Beleuchtung usw.) für die Bedürfnisse von Kundinnen und Kunden anzubieten, die auch genau auf die jeweiligen Örtlichkeiten zugeschnitten sind. Die Dienstleistungen wurden Kirchen, Vereinen und Schulen angeboten.

Im Jahr 2012 habe ich mich direkt zum NFTE Bundesevent beworben, ich kam unter die 10 besten Schülerinnen und Schüler aus ganz Deutschland und wurde als erster Schüler meiner Schule nach Berlin im Rahmen des Entrepreneurship Summit eingeladen. Dieser Erfolg machte mir Mut.

Meine Geschäftsidee habe ich dann ständig weiter entwickelt, nachdem der Grundstein ja da war. Wirtschaftliche Aspekte standen für mich erst mal weniger im Vordergrund, es ging mir vor allem um Unterstützung der Einrichtungen, für die ich arbeitete (also eine Art kulturelle Förderung).

Ich wollte in dieser ersten Zeit lernen und nicht reich werden.

JUNG, KREATIV, ENTREPRENEUR!

Nach der Schule habe ich eine Ausbildung als Fachkraft für Veranstaltungstechnik absolviert. Im Mai 2014 wurde ein neuer Meilenstein gesetzt: Chrom Eventtechnik hat sich neue, größere Ziele gesetzt, und das Marketingkonzept wurde von Grund auf erneuert, vom Logo bis zur Internetseite. Auch wirtschaftliche Aspekte wurden jetzt wichtiger, obwohl soziale und kulturelle Förderung immer noch in der neuen Vision ein fester Bestandteil war.
Es gab von jetzt an klare Zielsetzungen für Gewinne, Investitionen und Förderung.

Heute bin ich 20 Jahre alt und habe ein Gewerbe, das von mir neben meiner interessanten Haupttätigkeit als Veranstaltungstechniker an einem niedersächsischen Theater betrieben wird. In den letzten drei Jahren hat sich mein Geschäft gut entwickelt, so dass ich in Material und ein Lager investieren konnte. Ich habe einen Fuhrpark und begeisterte Kunden. Auch stets neue Kunden!

Lichternacht an meiner Realschule

Mit Erfolg arbeite ich daran, Chrom Eventtechnik als Markenzeichen für einen hohen Qualitätsstandard zu etablieren, da auch vermehrt Privatkunden meinen Service nutzen, z. B. bei hochwertigen Hochzeiten, Geburtstagen und sonstigen Feiern. In der Zukunft möchte ich gerne aus dieser gewerblichen Tätigkeit eine Firma mit eigener Rechtsform machen.
Viele schauen nach einem Ziel. Ich schaue nach einem Weg. Und lasse mich vom Ziel überraschen.

Visionen kommen oft spontan. Man sollte sie nicht fliehen lassen, sondern sie realisieren.

AUFGABE

1 / ★ - BASIC

Welche Eigenschaften sind dir an Fabian aufgefallen? Wie hat er es geschafft, aus seinem großen Hobby ein Unternehmen aufzubauen?

Schreibe dazu einige Sätze in dein Praxisheft.

Du solltest daher jetzt sehr bald damit beginnen, das Verkaufen bzw. die Kommunikation mit Kunden zu üben.

Für viele Kunden ist nicht nur die Qualität des Produktes bzw. die Dienstleistung wichtig, sondern auch wie der Entrepreneur arbeitet. Nachhaltigkeit, also der Umweltschutz und das soziale Engagement des Entrepreneurs, können ebenfalls gute Argumente sein.

Unternehmerinnen und Unternehmer sind immer auch Verkäufer

Unternehmerinnen und Unternehmer sind immer auch Verkäuferinnen und Verkäufer, denn sie müssen andere Menschen von ihrer Idee, von ihrem Produkt oder von ihrer Dienstleistung überzeugen. Damit das gelingt, müssen sie auch selber als Persönlichkeit überzeugend sein.

Natürlich kauft jeder von uns eher etwas von einer glücklichen, positiven Person als von einem „Miesepeter". Viele große Entrepreneure, die Multimillionen-Dollar Unternehmen gegründet haben, begannen als Verkäufer. Gute Verkäufer und Verkäuferinnen lernen aus erster Hand, was ihre Kunden brauchen, da sie tagtäglich mit ihnen Kontakt haben.

"Ehe wir uns anschicken, andere zu überzeugen, müssen wir selbst überzeugt sein."
— Chinesische Weisheit

Laura kann verkaufen und begeistern

Wo andere Probleme sehen, erkennen Entrepreneure unternehmerische Chancen

Viele bekannte Unternehmen wurden gegründet, weil ein Entrepreneur erkannte, dass Kunden mit einem ungelösten Problem kämpfen. Aber auch Veränderungen beim Umweltbewusstsein und die gestiegene Aufmerksamkeit für soziale und ethische Missstände können Quellen für unternehmerische Chancen sein. Anita Roddick gründete eine Kosmetikfirma („The Body Shop"), die viele natürliche Zutaten für die Herstellung ihrer Produkte verwendet und auf Tierversuche und teure Verpackungen verzichtet.

Anita war es leid, als Kundin viel Geld für große und aufwändige Verpackungen zu bezahlen, wenn sie nur eine kleine Menge Make-up kaufen wollte. Auch wollte sie nicht, dass Tiere in Versuchslaboren für Kosmetik gequält werden. Der Wunsch, etwas zu verändern, ließ sie ein Unternehmen gründen.

Zur Zeit verändert die **Digitalisierung** unser Leben. Teilweise werden Geschäftsideen aus der realen Welt in die digitale Welt überführt und andererseits ermöglicht die Digitalisierung völlig neue Produkte und Dienstleistungen. Durch das Internet beispielsweise können wir uns in kürzester Zeit interessante Informationen aus aller Welt beschaffen. Anfangs erschien das Internet aber vielen Nutzern als sehr undurchschaubar und unübersichtlich, doch es verändert die Wirtschaft und unser aller Leben. Und es bietet unendliche Chancen für Gründer. Es waren zwei Studenten, Sergey Brin und Larry Page, die die Internet-Suchmaschine „Google" entwickelten und damit als Lotsen für viele Internetnutzer fungierten, schließlich ist es gar nicht einfach, unter den ca. 1 Milliarde Webseiten (Stand Mitte 2017) die richtige zu finden.

Viele Internetnutzer sagen heute „Ich google das mal", wenn sie recherchieren. In Kapitel 10 erhältst du noch mehr Informationen über die Digitalisierung und die anderen Suchmaschinen wie zum Beispiel MetaGer.

In Deutschland hat Holger Johnson mit ebuero.de von Berlin aus das Sekretariat für das digitale Zeitalter erfunden. Dafür hat er sich zuerst ganz genau überlegt, was eine Sekretärin macht. Die Kernaufgaben (z. B. Termine vereinbaren, Telefonanrufe weiterleiten, Fragen von Kunden beantworten) können heutzutage dank des Internets über ein virtuelles Büro digital und genauso gut organisiert werden wie es früher die Sekretärin machte.

ebuero aber ist günstiger als ein klassisches Sekretariat, da es nicht nur für ein Unternehmen tätig ist, sondern für viele. Und als Startup hat ebuero weniger Fixkosten als Großunternehmen. Nur wenige Jahre nach der Gründung von ebuero stellte die Deutsche Telekom ihr ähnliches Angebot ein. Sie war zu teuer und konnte nicht mit dem

Preis-Leistungs-Verhältnis von ebuero und den anderen neuen digitalen Angeboten mithalten.

Quellen für Marktchancen

Wenn du deinen Kundinnen und Kunden hilfst, ein **Problem zu lösen**, dann sind sie wahrscheinlich bereit, dafür zu bezahlen. Und wenn deine Kosten unter dem Preis liegen, den du ihnen abverlangst, machst du Gewinn. Hier findest du fünf Quellen für unternehmerische Marktchancen.

▶ **Probleme**
Keinen Parkplatz in der Innenstadt zu finden, kann ein großes Problem sein. Entrepreneure können, z. B. mit einer App, bei der Suche helfen oder einen Parkservice vor dem Theater oder einem Einkaufscenter anbieten. Ein anderes Problem kann gesunde Ernährung sein. Viele jungen Menschen wissen nicht mehr, wie gut und gesund gekocht werden kann. So entstanden Startups, die nicht nur Lebensmittel, sondern auch gleich die Rezepte und die genaue Kochanleitung mitliefern.

▶ **Veränderungen**
Technologische und soziale Veränderungen bieten unternehmerische Chancen. Wissenschaftler erfinden immer neue Technologien, und du als Entrepreneur kannst einen Weg finden, diese auf den Markt zu bringen. Auf die Digitalisierung sind wir bereits eingegangen. Aber auch der Klimawandel verändert unser Leben. PKWs werden in der Zukunft sicherlich nicht mehr mit Benzin oder Diesel fahren. Welcher alternative Antrieb sich durchsetzt, steht noch nicht fest. Auf jeden Fall aber fahren mehr Menschen mit dem Fahrrad. Auch das soziale Bewusstsein für globale Arbeitsbedingungen in der Bekleidungsindustrie hat sich verändert (siehe Kapitel 5).

▶ **Eigene Erfindungen**
Dass Entrepreneure auch Erfinder sind, ist eher selten, aber es kommt vor. In der Wissenschaft sieht man den Entrepreneur als denjenigen, der neue Produkte erdenkt, neue Technologien einsetzt oder neue Kunden findet. Manche NFTE Schülerinnen und Schüler erobern mit völlig neuen Produkten oder Dienstleistungen (**Innovationen**) den Markt.

▶ **Neue Geschäftsmodelle**
Wenn du einen Weg findest, die Konkurrenz durch deinen Preis, den Standort, die Qualität, den Ruf, die Verlässlichkeit oder die Öffnungszeiten zu schlagen, dann kannst du mit bereits existierenden Produkten oder Dienstleistungen

ein sehr erfolgreiches Unternehmen betreiben. So haben zum Beispiel die Brüder Albrecht, die das Lebensmittelgeschäft ihrer Eltern weiterentwickelten, ALDI durch ein neuartiges Geschäftsmodell zu einem Welterfolg gemacht.

Auch Bill Gates ist ein Entrepreneur, der ein Problem gelöst hat. Bevor er mit Microsoft ein Betriebssystem anbot, war es für Laien viel zu kompliziert, Computer zu bedienen. Gates löste dieses Problem, indem er eine Software (MS DOS) schuf, die leicht zu bedienen war und Spaß machte. Er verdient nicht nur Milliarden, sondern er ist auch ein bedeutender Wohltäter: Bill Gates und seine Frau Melinda unterstützen mit der Bill & Melinda Gates Foundation u. a. die Forschung für neue Medikamente.

Übrigens: Weder Bill Gates noch die meisten anderen Entrepreneure haben ein Unternehmen gegründet, um reich zu werden, sondern weil sie für eine Idee gebrannt haben.

Viele Entrepreneure sind keine Erfinder. Aber sie sind aufmerksam und beobachten ihre Umwelt genau und kopieren Geschäftsmodelle und Dienstleistungen. Aber ACHTUNG: Namen, Bilder und Technologie können auch geschützt sein. So kannst du zum Beispiel nicht einfach ein T-Shirt mit dem Schriftzug von „GAMES OF THRONES" verkaufen, da die Namensrechte exklusiv geschützt sind. Aber du kannst T-Shirts mit eigenen Phantasiemotiven designen. Kopieren darfst du z. B., wie eine Leistung angeboten wird. Viele Trends gibt es zuerst in Asien oder den USA, bevor sie nach Deutschland kommen: Auch der umweltschädliche Kaffeebecher („Coffee to go") war so ein Trend.

Viele Entrepreneure sind mit „Coffee to go" auch in Deutschland erfolgreich geworden. Wenn du dich gut in andere Menschen hineinversetzen kannst, ein hohes Einfühlungsvermögen (Empathie) hast, dann kann dies ebenfalls bei der Suche nach unternehmerischen Chancen helfen. Immer mehr Kaffeetrinker wollen die Umwelt schonen, und erste Entrepreneure bieten spezielle Kaffee-Thermobecher, die jahrelang verwendet werden können, für unterwegs an.

HANDEL UND DIGITALISIERUNG

Das Internet hat vieles im Handel verändert, und zahlreiche junge Menschen haben begonnen, dies unternehmerisch zu nutzen.

Schau dir das Beispiel Internethandel an. Robert Genz und David Schneider wurden auf den Erfolg eines amerikanischen Schuhhändlers im Internet (zappos.com) aufmerksam und starteten 2008 in Deutschland eine ähnliche Website. Sie nutzen die neuen Marketingmöglichkeiten in den sozialen Netzwerken (Social Media Marketing) für ihre Werbung so gut, dass sie heute jeder kennt, denn das Startup wurde ein riesiger Erfolg.

Der Name des Unternehmens ist Zalando. Im Jahr 2017 hatte Zalando bereits 12.000 Mitarbeiter.

Um ein Entrepreneur zu werden und Geschäftschancen zu erkennen, stell dir – immer einmal wieder – folgende Fragen:

- ▶ Was begeistert mich und wie kann mein Erlebnis noch besser werden?
- ▶ Wie könnte ich meine Arbeit leichter und schneller erledigen?
- ▶ Welches Produkt oder welche Dienstleistung würde mein Leben und das anderer Menschen wirklich verbessern?
- ▶ Welche Produkte schonen die Umwelt und sind trotzdem richtig gut?

"Wichtig ist, dass man nie aufhört zu fragen."
Albert Einstein

Was Einstein dir damit sagen will:

- ▶ Je mehr du fragst und je klüger du deine Fragen stellst, desto mehr wirst du erfahren. Du wirst auf neue Ideen kommen, und du wirst deine Geschäftsidee immer weiter verbessern können.

- ▶ Sei neugierig, geh mit offenen Augen durch die Welt und lerne immer weiter dazu.

Trau dich zu träumen

Entrepreneure stellen sich zuerst vor, was sie selbst wollen bzw. was sie sich für ihre Kunden vorstellen und entwickeln dann das passende Produkt oder die richtige Dienstleistung. Darauf wird der NFTE Kurs noch ausführlich eingehen.

Aber schon jetzt kannst du dir ja einmal die folgenden Fragen stellen (später könnte daraus dein NFTE Projekt werden):

- ▶ **Was wünsche ich mir mehr als alles andere?**
- ▶ **Wie könnte das Produkt / die Dienstleistung aussehen?**
- ▶ **Wie kann ich das Internet und die neuen Möglichkeiten der Digitalisierung nutzen, um möglichst viele Kunden zu gewinnen?**

Apropos träumen: Oft sind unternehmerische Chancen nicht offensichtlich, weil sie nur für wenige Menschen wirklich attraktiv sind. Viele Menschen können sich nicht vorstellen, dass man als Zauberkünstler Geld verdienen kann. Und doch haben das nicht nur Hans Klok und "Siegfried und Roy" geschafft, sondern auch ein NFTE Schüler. Immer mehr junge Menschen verdienen im Web "spielend" Geld (z. B. mit einem Let´s Play Channel) oder betreiben als **Influencer** eigene YouTube-Channels.

Entrepreneure und ihre Idee

Bestimmt kennst du das Problem, das jeder immer mal wieder hat:

Wie durch Zauberei verschwindet gerade natürlich eine deiner Lieblingssocken spurlos. Sie ist einfach nicht mehr zu finden. Auch Katrin Mengel und Thomas Wingerter ärgerten sich mit dem Sockenverlier- und Sortierproblem herum – bis sie es angepackt haben. Die beiden entwickelten eine Sockenklammer, die das Paar Socken während der Wäsche und beim Einsortieren zusammenhält. Ihre Firma **„Dolphin Innovations"** hat noch weitere Innovationen entwickelt. Mach dir selbst ein Bild.

GO WEB
www.nfte.de/buch/kap3

Erweitere deinen Horizont

Erfolgreiche Entrepreneure haben immer wieder neue Geschäftsideen. Der beste Weg, wie ein Entrepreneur zu denken, ist es, viele neue Erfahrungen zu machen. Trainiere es, stets offene Augen und Ohren für die Probleme und Bedürfnisse von anderen Menschen zu haben, egal was du gerade tust!

Unternehmerische Chancen können aus Problemen der Kundinnen und Kunden entstehen, die ein Entrepreneur für sie lösen kann (wie beim Beispiel der verschwindenden Socken) oder indem ein Entrepreneur aus einem Hobby, das ihm Freude macht, eine Geschäftsidee entwickelt (wie am Beispiel Fabian zu sehen - siehe oben).

Was für dich der richtige Weg ist, wird sich herausstellen. Die folgende Übung kann dir bei der Entwicklung deiner eigenen Idee helfen.

Rede mit einem Elternteil oder einem anderen Erwachsenen. Bitte diese Person, dir Dinge aufzuzählen, die sie oder er in der näheren Umgebung ärgerlich findet. Schreib ihre Beschwerden auf.

Denk dir nach diesem Gespräch mindestens zwei Geschäftschancen aus, durch die sich die ärgerliche Situation verbessern könnte.

Einige gute Möglichkeiten, deinen Horizont zu erweitern sind:

▶ neue Freundschaften zu schließen

▶ zu reisen und andere Kulturen kennenzulernen

▶ eine neue Sprache zu lernen

▶ Bücher zu lesen, die ursprünglich nicht deinen Interessen entsprechen

▶ anderen Menschen gut zuzuhören

▶ neue Hobbys zu entwickeln

▶ Zeitungen und Online-Magazine zu lesen und dir die Nachrichten anzuschauen

▶ aktuelle Ereignisse mit Freunden, Lehrern und Verwandten zu diskutieren

▶ Berufserfahrung zu sammeln, z. B. durch ein Praktikum oder einen kleinen Job neben der Schule

> "Das Glück kommt zu denen, die es erwarten. Nur müssen sie die Türen offenhalten."
>
> Thomas Mann, deutscher Dichter

Mit der "NFTE Ideentabelle" auf unternehmerische Ideen kommen.

Eine toller Weg, um zu einer Idee zu kommen, ist die **"NFTE Ideentabelle"**.

Trage auf der linken Seite jeweils ein Hobby (z. B. Parkour), eine deiner Fähigkeiten (z. B. backen) und ein Problem ein, das du lösen möchtest (z. B. nicht mehr beim Fahrradfahren nass werden, wenn es regnet) und dann überlege dir in Ruhe zu jedem dieser Punkte, wie du als Entrepreneur hier mit einer Geschäftsidee eine Lösung kreieren kannst.

Wie komme ich auf eine Geschäftsidee? (Produkt oder Dienstleistung)

1. Ein Hobby von mir	1. Eine Geschäftsidee dazu
2. Eine meiner Fähigkeiten	2. Eine Geschäftsidee dazu
3. Ein Problem das gelöst werden müsste	3. Eine Geschäftsidee dazu

ZUSAMMENFASSUNG UND AUFGABEN

I. Merkmale erfolgreicher Entrepreneure

A. Erfolgreiche Entrepreneure sind begeisterungsfähig und können sich gut in die Bedürfnisse anderer Menschen hineinversetzen (Empathie).

B. Unternehmungslust, Energie, Lernbereitschaft und große Beharrlichkeit zeichnen Entrepreneure aus.

II. Unternehmerische Fähigkeiten werden oft durch herausfordernde Erfahrungen im Leben geprägt.

A. Viele Einwanderer gründeten ihr eigenes Unternehmen.

B. In einem schwierigen Umfeld aufzuwachsen kann helfen, stark und zäh genug zu werden, um ein guter Entrepreneur zu sein.

III. Wo andere Probleme sehen, erkennen Entrepreneure Chancen.

A. Unternehmerinnen und Unternehmer lösen Probleme ihrer Kunden zunehmend digital.

B. Entrepreneure benutzen ihre Vorstellungskraft auch dazu, sich neue Produkte auszudenken, die sie (und auch andere) brauchen könnten.

IV. Entrepreneure benötigen eine Menge an Energie.

A. Um ein erfolgreiches Unternehmen aus dem Nichts zu erschaffen, braucht man Elan, Zielstrebigkeit und Beharrlichkeit.

B. Du kannst deine Energie durch vernünftige Gewohnheiten steigern. Mit Übung kannst du positive Einstellungen entwickeln. Ersetze bewusst negative Gedanken über dich selbst oder andere durch positive.

V. Eine Idee ist nicht notwendigerweise eine unternehmerische Chance. Um eine zu sein, muss eine Idee:

A. für Kunden attraktiv sein.

B. im Umfeld des Entrepreneurs funktionieren.

AUFGABEN

1 / ★ - BASIC
Die NFTE Ideentabelle findest du auch in deinem Praxisheft. Trag deine Lösungen in die Tabelle ein, wie oben beschrieben.

2 / ★★ - GO ON
Beschreibe eine Zeit, in der du kurz davor warst, etwas aufzugeben, es aber dann doch nicht getan hast. Welchen Unterschied können Optimismus und Beharrlichkeit ausmachen?

3 / ★★★ - WOW
Text zum Thema: Mein unternehmerisches Potenzial. Dein Potenzial sind die Fähigkeiten und Begabungen, die in dir stecken. Beschreibe in eigenen Worten den Bereich, von dem du glaubst, das in ihm dein unternehmerisches Potenzial liegt. Überlege, welche Art von Unternehmen du gründen könntest.

Neue Sichtweisen entdecken und von bahnbrechenden Erfindungen erfahren

Kapitel 4

Lernziele

Wenn du dieses Kapitel gelesen und die Übungen ausgeführt hast, kannst du:

- ☑ verstehen, warum Entrepreneure Künstler der Wirtschaft genannt werden,

- ☑ deine Kreativität steigern, also einfallsreicher und schöpferischer werden,

- ☑ Sichtweisen kritisch hinterfragen und Querdenken üben,

- ☑ Erfindungen von Frauen und Männern kennen lernen, die viel verändert haben.

> "Wir können uns den Rahmen unseres Schicksals nicht aussuchen. Aber was wir hineinfüllen, ist unsere Sache."
>
> Dag Hammarskjöld, ehemaliger Generalsekretär der UNO & Friedensnobelpreisträger

Neue Sichtweisen entwickeln

In diesem Kapitel wirst du neue Denk- und Sichtweisen kennen lernen und lernen, wie du deine Kreativität und Intelligenz trainieren und weiterentwickeln kannst. Du wirst sehen, dass Kunst und Entrepreneurship eng zusammenhängen und interessante Beispiele von Menschen entdecken, die beides miteinander verknüpfen. **Querdenken** kann dich weiterbringen: Was geschehen kann, wenn du die üblichen Pfade verlässt, werden dir Beispiele zeigen. Du wirst von Erfindungen erfahren, die unsere Welt sehr verändert haben.

Entrepreneure als "Künstler" der Wirtschaft

Entrepreneure schaffen aus Ideen neuartige Produkte und Dienstleistungen und gründen neue Unternehmen. Deutsche Unternehmen wie z. B. Porsche und SAP wurden von kreativen Menschen gegründet, die hart an der Umsetzung ihrer Träume und Visionen gearbeitet haben.

Der Unterschied zwischen einem Künstler und einem Entrepreneur ist nicht die Kreativität – beide sind einfallsreich, arbeiten mit großem Einsatz und verzichten auf vieles, um die eigenen Visionen zu realisieren. Der Unterschied zwischen Künstlern und Entrepreneuren liegt darin, wie die Kreativität genutzt wird:

1. Künstler haben ein inneres Bedürfnis sich auszudrücken und erschaffen deshalb ihre eigene Bildwelt oder Musik. Die Bedürfnisse von Kundinnen und Kunden stehen dabei oft nicht im Vordergrund.

2. Entrepreneure versuchen, etwas zu schaffen, was die Kunden kaufen wollen. Dabei haben sie immer die Wünsche und Bedürfnisse der Kunden im Blick.

In der digitalen Zeit gibt es in der Kunst, bei Games und in der Musik spannende Entwicklungen und neue Berufschancen für junge Menschen. Oft verbindet sich dabei Kunst mit Entrepreneurship. Auch wenn viele Künstlerinnen und Künstler nach wie vor mit ihrer Kunst sehr wenig verdienen und deshalb auf Zweitjobs angewiesen sind, gibt es auch ganz andere Beispiele.

Madonna etwa wechselt ihr Aussehen und ihre Musik häufig, um ihre Zuhörer und Zuschauerinnen immer wieder neu zu faszinieren und war damit sehr erfolgreich. Auch Youtuber, die eine große Zahl von Followern haben, verdienen viel Geld. Andere Unternehmen bezahlen für die Besprechung (und Empfehlung) neuer Produkte oder laden die Youtuber als Stargäste ein. Diese Beispiele zeigen, dass Kunst durchaus nicht immer „brotlos", also finanziell hoffnungslos sein muss, wie früher oft gesagt wurde, sondern immer häufiger auch unternehmerische Chancen damit verknüpft sind. Ein spannendes Beispiel:

Entrepreneure und ihre Idee

Eine Blitzkarriere im Web hat der YouTube-Star Rezo hingelegt:

2017 bekam er den Webvideopreis in der Kategorie MUSIC für seine besondere Mischung aus Songs und Unterhaltung. Inzwischen hat er 6-8 Millionen Clicks (Views) pro Monat auf seinem Channel. Für NFTE hat Rezo ein ausführliches Interview gegeben und verraten, wie er in so kurzer Zeit so weit gekommen ist. (Und warum seine Haare blau sind …)

Rezo ist beides, Künstler & Entrepreneur. Macht euch selbst ein Bild von ihm und findet heraus, wie es ihm heute geht.

GO WEB
www.nfte.de/buch/kap4

Aufgaben

1 / ★ - BASIC
Lies das ausführliche Portrait von Rezo im Web und schau dir ein paar Clips an.

2 / ★ - BASIC
Welche Eigenschaften fallen dir an Rezo besonders auf? Schreibe ein paar in das NFTE Praxisheft. Diskutiere darüber mit einem Partner oder einer Partnerin.

3 / ★ - BASIC
Welche Youtuber beeindrucken dich gerade besonders und warum? Schreibe dazu einen kurzen Text in das Praxisheft.

4 / ★★ - GO ON
Woran merkt man, dass Rezo nicht nur Künstler, sondern auch Entrepreneur ist? Ist er immer noch erfolgreich?

5 / ★★★ - WOW
Was meinst du – folgt Rezo als Youtuber und Webkünstler Trends oder setzt er selber welche?

Kreativität kann entwickelt werden

Kreativität ist die Fähigkeit, etwas Neues zu erschaffen, indem du deine Vorstellungskraft benutzt. Du glaubst vielleicht, dass das etwas Besonderes ist, womit jemand geboren werden muss. Aber in jedem Menschen steckt etwas Schöpferisches. Denk daran, wie phantasievoll kleine Kinder sind! Manchmal ist die Kreativität nur verschüttet. Jeder Mensch kann seine Kreativität entwickeln.

Das Geheimnis bei der Entwicklung von Kreativität ist die Bereitschaft, sich mit neuen Ideen zu beschäftigen und alte zu verändern oder zu verwerfen. Wer das tut, ist ein aufgeschlossener Mensch. Kreative Menschen fürchten sich auch nicht davor, Fehler zu machen oder anders zu sein als andere. Sie sind gespannt auf das, was sie noch nicht kennen.

Ein Beispiel dafür, dass kreative Ideen keineswegs immer kompliziert sein müssen, ist die Arbeit des amerikanischen Pop-Art Künstlers Andy Warhol. Er erhob als Erster Alltagsgegenstände zur Kunst und druckte z. B. Abbildungen von Suppendosen auf riesige Leinwände.

Zuerst hielten die Leute seine Bilder für lächerlich, aber Warhol wurde mit seiner Pop-Art reich und berühmt. Heute sind seine Arbeiten sehr gefragt und hängen in den bedeutenden Museen der Welt. Es gibt nur wenige Künstler, die schon am Anfang ihrer Karriere gleich Erfolg haben, wenn sie mit neuen Ideen experimentieren. Oft kann man Regeln nur dann sinnvoll brechen, wenn man sie versteht. Es geht schließlich nicht einfach darum, die Regel zu brechen, weil das Spaß macht, sondern weil es eine bessere Lösung zu geben scheint.

Bedeutende Künstler wie der Spanier Salvador Dali, haben schon als Jugendliche damit begonnen, die großen alten Meister der Kunst systematisch zu kopieren, um dazuzulernen. Auf dieser Basis entstand dann der unverwechselbare eigene Stil. In ähnlicher Weise kann jeder die **Biografien** bereits erfolgreicher Entrepreneure lesen und ihre Geschäftstaktiken und Techniken studieren.

Manches kann man sich einfach abgucken!

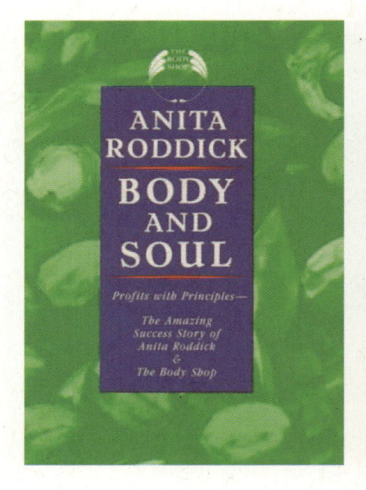

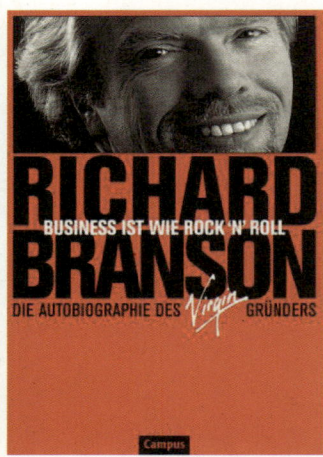

Eine besonders gute Quelle für Ideen sind die interessanten Biografien von Unternehmensgründern wie z. B. Anita Roddick (The Body Shop), Hans Wall (Wall AG) oder Richard Branson (Virgin).

Entrepreneure brauchen kein abgeschlossenes Wirtschaftsstudium, sollten aber neugierig sein und immer lernen wollen. Es ist wichtig, dass sie sich ständig über aktuelle Ereignisse auf dem Laufenden halten. Dabei ist das Internet natürlich eine große Hilfe.

Bereiche, von denen Entrepreneure anfangs wenig Ahnung haben oder wozu ihnen die Lust fehlt (z. B. Buchhaltung, Versand oder die Programmierung von Webseiten), sollten sie besser an Profis auslagern.

Sonst verbrauchen sie unnötig Energie und Geld, weil sie sich nicht genug um das kümmern können, worin sie richtig gut sind. Man nennt dieses Auslagern „Gründen in Komponenten", und du wirst später noch mehr dazu erfahren.

Manche Entrepreneure schauen sich auch nach Mitgründerinnen bzw. Mitarbeitern um. Du siehst, Entrepreneure nehmen ihr Leben selbst in die Hand, müssen oft allein entscheiden, aber sie müssen auch teamfähig sein.

Querdenken

Der Kreativitätsforscher Edward de Bono erklärt in seinen Büchern, dass Kreativität durch **laterales Denken** (= von der Seite her Denken) entwickelt werden kann. **In Deutschland nennen wir Leute, die ungewöhnlich und neu denken, Querdenker.**

Querdenken heißt, dass sie eingefahrene Wege verlassen und sich neues Denken erlauben. Querdenker versuchen, ein Problem mit ungewöhnlichen, „alternativen" Methoden zu lösen.

In einem Interview hat der Hirnforscher Gerald Hüther betont, wie wichtig es ist, dass Schüler querdenken lernen, damit ein Land dauerhaft erfolgreich sein kann. Querdenker lassen sich etwas einfallen, sind für die Entwicklung unserer Gesellschaft sehr wichtig und Triebfedern der Wirtschaft. *(Quelle: Interview WELT 2.10.12)*

Entrepreneure und ihre Idee

Prof. Dr. Günter Faltin, Wirtschaftsprofessor an der Freien Universität Berlin, ist Gründer der weltweit erfolgreichen Teekampagne und vieler anderer Unternehmen.

Zusammen mit einer thailändischen Designerin hat er z. B. auch zur Lösung eines großen Umweltproblems beigetragen und Wasserhyazinthenmöbel neu entwickelt.

Er ist ein echter **QUERDENKER**, der seine Visionen konsequent verwirklicht.

Von ihm können junge Entrepreneure viel lernen und hilfreiche Gründungstipps bekommen.

Macht euch selbst ein Bild!

Aufgaben

1 / ★ - BASIC

▶ Lies das ausführliche Portrait von Günter Faltin im Web und schau dir dann auch das Komponentenportal an, in dem du Tipps für eine kostenlose Website bekommen kannst.

▶ Nimm dir vor, dich später, wenn du deine eigene Geschäftsidee gefunden hast und dafür z. B. eine Website aufbauen willst, noch einmal genauer mit den Empfehlungen Faltins zu beschäftigen und herauszufinden, was für dich nützlich ist.

GO WEB
www.nfte.de/buch/kap4

> "WER UNVOREINGENOMMEN ANALYSIERT, UNKONVENTIONELL DENKT UND SPAß AM KOMBINIEREN VON GEDANKLICHEN PUZZLESTÜCKEN HAT, KANN UNTERNEHMERISCH VIEL BEWEGEN"
>
> Prof. Dr. Günter Faltin

Viele von uns neigen dazu, in Schablonen alter Ideen, also sozusagen in Filterblasen zu denken und nicht wirklich neue Ideen zu erzeugen.

Oft passen wir neue Informationen unseren gewohnten Mustern an. Dadurch werden wir einseitig. Wenn du das auch so machst, übersiehst du womöglich unbewusst neue, interessante Informationen, nur, weil sie nicht in dein einmal eingeprägtes Denkmuster passen.

Manche Menschen halten stur und engstirnig an Vorurteilen fest. Solche kennst du sicher! Sie wiederholen offensichtlich rassistische oder sexistische Vorurteile (wie „Blondinen sind dumm" oder „Weiße sind intelligenter als Schwarze"). Und sie haben Angst vor allem Neuen und wollen es lieber verhindern. Deshalb sagen sie oft: „Das klappt nie. Das hat es ja noch nie gegeben!" Man sagt, sie denken in **„Stereotypen"**.

Eine Sichtweise ist alles, von dem du bisher glaubst oder annimmst, es sei richtig. Du kannst innovatives, neuartiges Denken dadurch entwickeln, dass du solche „normalen" Sichtweisen hinterfragst und dann entscheidest, ob sie wirklich richtig und vernünftig sind.

So kannst du durch kritische Prüfung eine neue, kreative Lösung für ein Problem finden. Damit du verstehst, wie das gemeint ist, wirst du im NFTE Unterricht erleben, wie ungewöhnliches („laterales") Denken helfen kann, ein Problem zu lösen.

9 Punkte-Spiel

Entrepreneure sind anders! Sie denken innovativ – oder sehen schon Bekanntes in neuen Zusammenhängen!

Sie kennen einen guten Spruch:

„Alle sagten, das geht nicht. Dann kam einer, der wusste das nicht und hat es einfach gemacht."

Sei mutig und immer offen für Neues, denke und handle kreativ und hab keine Angst vor neuartigen und ungewöhnlichen Wegen! Das lohnt sich, du wirst es merken. Anita Roddicks Motto war: „Be daring, be first, be different".

Mit Kreativität löst man Probleme:

Gemeinsam mit Kolleginnen und Kollegen aus der ganzen Welt helfen deutsche Ingenieure und Entrepreneure mit, die **Zukunft der Fortbewegung** neu zu konstruieren. Eine spannende Entwicklung.

Hyperloop und Transrapid

Die Eisenbahn einmal völlig anders denken? Wie soll das gehen? Es geht und das hat Tradition. In Deutschland wurde bereits 1934 die Magnetschwebetechnik zum Patent angemeldet. Ein Patent schützt Erfinder vor Nachahmern. Magnetschwebezüge rollen nicht auf Gleisen, sondern schweben auf einem Magnetfeld.

Im Internet findest du mehr Infos über Hyperloop!

Der Transrapid-Magnetschwebezug wurde Ende des letzten Jahrhunderts in Deutschland fertig entwickelt, aber er hat sich am Markt nicht wirklich durchsetzen können. In Shanghai (China) wurde 2004 die bisher einzige Strecke in Betrieb genommen.

Im August 2013 hat Elon Musk, der Gründer von Tesla, ein weiteres völlig neues Bahnkonzept vorgestellt: das Hyperloop-Hochgeschwindigkeitstransportsystem. In luftleeren Röhren soll es möglich sein, auf Strecken von bis zu 1500 Kilometern deutlich schneller als mit dem Flugzeug und gleichzeitig auch billiger als mit der Bahn zu reisen.

Nach dem Konzept der Rohrpost sollen die Züge, mit Solarenergie angetrieben, als Transportkapseln mit Reisegeschwindigkeiten von bis zu 1125 km/h auf Luftkissen durch Röhren befördert werden. Viele technische Probleme sind allerdings noch nicht gelöst und es gibt Skeptiker, die glauben, dass es niemals funktionieren wird. Must und sein deutscher Mitgründer Dirk Ahlborn glauben aber fest an den Erfolg.

Du besitzt einzigartiges Wissen

Du kannst nicht nur deine Kreativität weiterentwickeln. Du besitzt auch ein einzigartiges Wissen, das niemand anderer hat. Du kennst z. B. deine Umgebung besser als jemand aus einer anderen Gegend sie jemals kennen lernen könnte.

Du hast eine persönliche Lebenserfahrung, die niemand sonst besitzt. Aus diesen Erfahrungen setzt sich dein persönliches Wissen über die Welt zusammen.

Du kannst dieses Wissen zusammen mit deiner Kreativität und Intelligenz nutzen, um ein erfolgreicher Entrepreneur zu werden. Es gibt sogar eine besondere Entrepreneurship-Forschung, die das individuelle Wissen und die individuellen Fähigkeiten von Gründerinnen und Gründern in den Vordergrund stellt: **„Effectuation"**.

Stell dir deine Umgebung oder deine Schule als Markt vor. Diesen Markt kennst du sehr gut. Denk einen Moment lang kreativ darüber nach, was deine Klassenkameraden oder deine Nachbarn sich in der Schule oder in der näheren Umgebung gerne kaufen würden. Was würden sie wirklich brauchen?

Welche Art von Dienstleistung würde ihnen Zeit ersparen? Gibt es irgendwelche Probleme, die du für sie lösen könntest, indem du die richtige Idee entwickelst und dann ein Unternehmen gründest? Mach dir Notizen dazu in deinem Praxisheft.

Kundenorientierung ist eine der wichtigsten Eigenschaften eines Entrepreneurs. Jeder hat Tagträume, aber Entrepreneure haben Tagträume mit Kundinnen und Kunden und mit einem Markt vor Augen. Aus einigen dieser unternehmerischen Visionen sind neue Produkte geworden, die die Welt verändert haben.

ERFINDUNGSSPIEL

NFTE Schüler beim Erfindungsspiel

DER BIZTIPP

▶ **DAS IDEENBUCH:** Nimm immer einen kleinen Notizblock und Stift mit, wenn du unterwegs bist. Achte auf Probleme in deiner Umgebung.

▶ Sowie dir ein notwendiges neues Produkt einfällt, schreib es sofort auf. Vermisst du eine nützliche Dienstleistung? Schreib dir deine Gedanken auf. So geht dir keine Idee wieder verloren. Berichte davon im NFTE Kurs.

Manche Erfinderinnen und Erfinder werden Entrepreneure – aber nicht alle Entrepreneure sind Erfinder

Schon in Kapitel 3 hast du gelesen, dass bedeutende Erfindungen immer schon die Welt verändert haben. Sie werden das auch weiter tun.

Manche Erfindungen haben ihre Urheber reich und berühmt gemacht. Die einen haben als Entrepreneure ihre Erfindung selber auf den Markt gebracht, die anderen haben das Vermarkten Menschen überlassen, die das besser konnten als sie selbst.

Besonders erfolgreiche Geschäftsideen im 20. Jahrhundert waren z. B. die Fließbandproduktion, Selbstbedienungsläden, Fastfood, Handys, Stromerzeugung durch Solarenergie, Versandhandel, die Kreditkarte, CDs und DVDs, Buchclubs und Tupper-Partys.

Viele Erfinderinnen und Erfinder sind für ihre Ideen am Anfang ausgelacht worden.

Als zu Beginn des Computerzeitalters der Firma IBM vorgeschlagen wurde, PCs für Tische herzustellen, antwortete IBM, dafür sei absolut kein Markt vorhanden.

Umfragen hätten ergeben, dass weltweit insgesamt nur 5 solcher Computer gebraucht werden.

„5? Na, das war wohl ein kleiner Innovationsirrtum!"

Der Entrepreneur Steve Jobs hatte jedoch die Vision, dass jeder in seinem Land einen eigenen PC zu Hause auf seinem Schreibtisch haben sollte. 1977 schaffte er es mit seiner Firma Apple Computer, den Computer bald USA-weit erstmals auf die Schreibtische kleiner Firmen und Freiberufler zu bringen.

Einige Geschichten über historische Erfinder und ihre Erfindungen sollst du im Folgenden als Beispiele kennen lernen.

Erfinderinnen

Kernspaltung, solarbetriebene Heizung, Büstenhalter, Filterkaffee, die Eistüte, die Barbiepuppe, Geschirrspüler, Nudelholz, Scheibenwischer, medizinische Spritzen – dies sind nur einige Produkte, die von Frauen erfunden wurden.

Mary Kies wurde 1809 die erste Patentinhaberin. Sie erfand die Methode, Stroh mit Seiden- oder Baumwollgarn zu verweben, die wesentlich dazu beitrug, die Hutmacherei Neuenglands (Region im Nordosten der USA) anzukurbeln. Als durch den Krieg von 1812 der Nachschub von Hüten aus Europa abgeschnitten wurde, benutzten die Hutmacher Neuenglands die Methode von Kies, um den Markt zu übernehmen.

Ein früher medizinischer Durchbruch war die Erfindung des pilztötenden Mittels Nystatin durch **Elizabeth Hazen und Rachel Brown** in den frühen 50er Jahren. Hazens und Browns Erfindung wurde durch die Notwendigkeit bedingt, ein Heilmittel gegen Pilzerkrankungen, unter denen viele der U.S. Militärangehörigen während des 2. Weltkrieges litten, zu finden. Die zwei Frauen studierten unzählige Erdproben, ehe sie schließlich die Substanz fanden, die sie zu Nystatin entwickelten. Es dauerte schließlich sechs Jahre, um die Regierung davon zu überzeugen, ihnen für etwas ein Patent zu geben, das sich als sehr wichtig für die Medizin herausstellte. Das Patent brachte 13 Mio. U.S. Dollar an Tantiemen ein, von denen Hazen und Brown den größten Teil dazu verwendeten, Stipendien für Collegestudenten einzurichten, die sich mit biologischen Forschungen beschäftigen.

Herta Charlotte Heuwer erfand in Berlin-Charlottenburg am 4. September 1949 die pikante Chillup-Sauce (auf der Basis von Tomatenmark mit zwölf indischen Gewürzen (= Curry)) für die inzwischen weltweit bekannte Currywurst. Wie sie darauf kam? Sie war mit ihrem Mann zu einem USA-Besuch eingeladen worden, bei dem er völlig begeistert von Spareribs mit scharfer Sauce war. In Deutschland reichte das Geld nach dem Krieg nicht, um öfter Fleisch zu essen, deshalb kam sie auf die Idee, das Fleisch einfach durch die viel billigere Wurst zu ersetzen. Sie fing an zu experimentieren. Später war ihre Imbisshalle so begehrt, dass sie 19 Verkäufer/innen einstellte. Und heute? **800 Millionen Currywürste** werden jährlich bundesweit verspeist.

Erfinder

Carl Friedrich Benz (Karl Friedrich Michael Benz) war ein deutscher Maschinenbauingenieur und wurde zum Pionier der Automobilindustrie. 1878/79 entwickelte Benz einen Zweitakt-Verbrennungsmotor und später einen leichten Viertaktmotor.

Benz erfand den Differentialantrieb und andere Kraftfahrzeugelemente wie die Achsschenkellenkung, die Zündkerzen, die Kupplung, den Vergaser, den Kühler mit Wasser und die Gangschaltung. 1885 baute er das erste „Automobil", ein dreirädriges Fahrzeug mit Verbrennungsmotor und elektrischer Zündung. Es hatte 0,8 PS (0,6 kW), die Höchstgeschwindigkeit betrug 16 km/h. Am 29. Januar 1886 schrieb Carl Friedrich Benz Industriegeschichte, indem er beim Reichspatentamt unter der Nummer 37435 dieses Fahrzeug zum Patent anmeldete.

In der Öffentlichkeit erntete Carl Benz für sein Automobil viel Spott. Es wurde als „ein Wagen ohne Pferde" belächelt. Andererseits meinte der „Generalanzeiger der Stadt Mannheim" im September 1886, „dass dieses Fuhrwerk eine gute Zukunft haben wird", weil es „ohne viele Umstände in Gebrauch gesetzt werden kann und weil es, bei möglichster Schnelligkeit, das billigste Beförderungsmittel für Geschäftsreisende, eventuell auch für Touristen werden wird".

Carl Friedrich Benz sah dies ähnlich und verbesserte seine Fahrzeuge stetig. 1888 wurde das neuartige Gefährt („Vollständiger Ersatz für Wagen mit Pferden!") durch die Teilnahme an der Münchner „Kraft- und Arbeitsmaschinenausstellung" zwar über die Grenzen Deutschlands bekannt, doch die möglichen Käufer blieben skeptisch. Die Verbreitung des Automobils begann dann in Frankreich, das die besten Straßen hatte. 1889 wurden die neuen Benz-Modelle auf der Pariser Weltausstellung gezeigt.

1926 vereinigten sich die Firmen „Benz & Co. Rheinische Gasmotorenfabrik Mannheim" und „Daimler Motorengesellschaft" zur Daimler-Benz AG. Den Konstrukteur Gottlieb Daimler, der zusammen mit seinem Freund Wilhelm Maybach 1885 in Cannstatt das erste Motorrad (mit Stützrädern) fahren ließ und 1900 starb, hat Benz nie persönlich kennengelernt.

Gottlieb Daimler war ein deutscher Ingenieur, Konstrukteur und Industrieller. Daimler entwickelte das erste funktionsfähige Kraftfahrzeug modernen Typs. 1865 wurde ihm die Leitung einer Maschinenfabrik in Reutlingen übertragen, wo er zum ersten Mal mit Wilhelm Maybach zusammentraf. Später wechselte Daimler von der Maschinenbaugesellschaft zur Gasmotorenfabrik Deutz, wo er von Nikolaus Otto die Leitung der Werkstätten übertragen bekam.

Auch Maybach wechselte zu Deutz und brachte 1872 unter der Leitung Daimlers den Ottomotor zur Serienreife. Unter der Leitung Daimlers entwickelte sich die Firma von einer kleinen Werkstatt zu einem Weltunternehmen der damaligen Zeit.

Im Jahr 1883 meldete er einen gemeinsam mit Maybach entwickelten Einzylinder-Viertaktmotor an und optimierte den Einsatz von Benzin als Treibstoff. Eine weitere Erfindung von Daimler und Maybach war der 1885 konstruierte „Reitwagen", das erste Motorrad der Welt. Um die entwickelten Motoren vertreiben zu können, ließ Daimler in den Jahren 1886-1889 einen Motorwagen von Maybach konstruieren, der auf der Pariser Weltausstellung vorgeführt wurde. Zeitgleich konstruierte Carl Friedrich Benz das erste Automobil.

1887 gründete Daimler eine Fabrik in Cannstatt und rüstete 1888 die Gondel eines Gasballons mit einem Motor aus. So entstand eines der ersten Luftschiffe.

Daimler ließ 1899 von Maybach einen Rennwagen bauen, der auf den Namen Mercedes getauft wurde (nach dem Vornamen der Tochter von Daimlers Fahrer, Konstrukteur und Händler Emil Jellinek).

1926 wurde die Daimler-Motoren-Gesellschaft mit der Firma von Carl Benz zur Daimler-Benz AG verschmolzen.

Seit 2007 trägt das Unternehmen nun den Namen „Daimler AG" und hat 285.000 Beschäftigte (2016).

Artur Fischer war ein gelernter Bauschlosser und Unternehmer aus dem Schwarzwald und ist mit mehr als 1.100 Patenten und Gebrauchsmustern einer der erfolgreichsten Erfinder weltweit.

Zu den bekanntesten Erfindungen Fischers zählen der 1958 von ihm entworfene Fischer-Dübel aus Nylon, das Fischertechnik-Baukastensystem und ein Blitzlichtgerät für Fotoapparate mit synchroner Auslösung (1949). Weitere Erfindungen sind beispielsweise in der Medizintechnik ein Dübel zum Fixieren von Knochenbrüchen und kompostierbares Kinderspielzeug aus Kartoffelstärke. Artur Fischer wurde 96 Jahre alt. Die von ihm 1948 gegründete Firma Fischerwerke Artur Fischer GmbH & Co. KG hat 4.600 Mitarbeiterinnen und Mitarbeiter, aus deren Reihen viele neue Patente angemeldet werden.

Das Unternehmen wird seit 1980 von Artur Fischers Sohn Prof. Klaus Fischer geleitet. 10 Millionen Dübel werden pro Tag produziert. 2014 wurden mit „greenline" die weltweit ersten Dübel aus über 50 % nachwachsenden Rohstoffen auf den Markt gebracht.

„greenline" Dübel aus überwiegend nachwachsenden Rohstoffen

Aufgabe:

1 / ★ - BASIC

Mach dich schlau über die 50 wichtigsten Erfindungen von Deutschen seit 1440. Sie werden in der Zeitung „WELT" mit Fotos vorgestellt! Schreib auf, welche 3 der hier gezeigten Erfindungen dich am meisten beeindrucken. Begründe kurz, warum.

GO WEB
www.nfte.de/buch/kap4

Das 21. Jahrhundert ist noch jung

Trotzdem hat es in dem Jahrhundert, in dem du geboren bist, schon eine große Zahl wichtiger, wegweisender Erfindungen gegeben. Überlege, welche neuen Produkte oder Dienstleistungen seit deiner Geburt bis heute entstanden sind. Informiere dich auch im Internet.

Noch eine spannende Erfindung:

Vier bayrische Ingenieure entwickeln seit 2015 „LILIUM": ein senkrecht startendes Elektroflugzeug für alle. Bald schon Realität oder doch eher Science Fiction? Statt PKWs ein Himmel voller Flieger? Werden wir das in unserem Jahrhundert noch erleben?

AUFGABEN

1 / ★ - BASIC
Schreibe 3 Erfindungen auf, die das Leben deiner Familie besonders stark verändert haben.

2 / ★ - BASIC
Entscheide, welche Erfindung dir selbst am wichtigsten ist. Begründe kurz, warum.

Aufgabe:

1 / ★ - BASIC
Recherchiere über LILIUM im Internet und schreib deine Meinung dazu auf!

GO WEB

Du selber musst keine Erfindungen machen, um ein erfolgreicher Entrepreneur zu werden (die meisten Unternehmer und Unternehmerinnen sind ja keine Erfinder). Aber wer weiß? Auch unter den NFTE Schülerinnen und Schülern finden sich immer wieder welche, denen originelle Erfindungen eingefallen sind – einer stellt sich vor:

Vom NFTE Schüler zum Europasieger, Entrepreneur und Azubi: Lukas Swierczyna und „Overlay"

Am 15. September 2015 begann für mich an meiner Münchner Wirtschaftsschule der NFTE Unterricht, der bei uns in allen Klassen 9 ein Pflichtkurs ist. Ich war 16 Jahre alt und ging ziemlich skeptisch in diesen Kurs, in dem ich eine eigene Geschäftsidee entwickeln sollte. Würde ich überhaupt eine finden? Immerhin wollte ich gern eine gute Note bekommen. Nach den Herbstferien sollten wir mit einer überzeugenden Idee für ein Produkt oder eine Dienstleistung in die Schule zurückkommen. Das kam mir sehr schwer vor.

Während der Ferien saß ich abends in meinem Zimmer und ließ ziellos meine Blicke schweifen, bis sie im Regal bei den Schuhkartons mit kaputten Skater-Schuhen hängenblieben. Skaten ist mein Hobby, meine große Leidenschaft – ich skate schon seit vielen Jahren, und das macht mir super viel Spaß.

Durch den starken Abrieb, der bei den Tricks an Sohle und Oberfläche entsteht (man nennt die raue Oberfläche des Brettes „Grip Tape"), haben die teuren Skater-Schuhe (geldtechnisch 80-90 € pro Paar …) leider einen enormen Verschleiß. Meine Eltern meuterten schon: 13 zerschlissene Paare in einem Jahr, das ging ihnen zu sehr ins Geld – und neue Schuhe waren erst mal nicht in Sicht. Ich dachte mir also in meinem Hinterkopf, es müsste einfach einen Weg geben, dieses Problem aller Skater zu lösen und die Schuhe länger haltbar zu machen.

Dann kam mir plötzlich ein Geistesblitz: Meine Idee eines Überzugs, einer Schutzkappe aus Kunstleder wurde geboren. Jetzt begann ich durchzustarten und entwickelte einen Prototyp. Ich nähte ihn selber an der Nähmaschine – dazu waren viele Versuche nötig.

Mit der Zeit fand ich das Fach NFTE sehr gut, weil es mir Spaß machte, meine Geschäftsidee so überzeugend vorzustellen, dass sie auch andere überzeugte. Dass es einen NFTE Bundesevent geben würde, war ein Ansporn für mich.

Und tatsächlich gewann ich erst den Vorentscheid in meiner Schule und schaffte dann beim Bundesevent Platz 3 bei starker Konkurrenz aus ganz Deutschland. Das hieß, dass ich im Dezember 2016 am NFTE Europae-

JUNG, KREATIV, ENTREPRENEUR!

vent in Berlin teilnehmen durfte. **Schon als kleines Kind hatte ich mir gewünscht, später mal etwas zu erfinden – dass das jetzt wirklich funktioniert hatte, war ein tolles Gefühl.**

Meinen **Prototyp** hatte ich inzwischen mit einem Klettband und Gummizug so angepasst, dass er eng auf dem Schuh anlag und fast jeden Schuh „skatebar" macht, ohne dass Verschleiß-Spuren zurückbleiben. Ich entwickelte eine ausgefeilte Marketing-Strategie und meine Absicht ist, dass der „Overlay" künftig für Skater zum „Must-Have" wird.

Nachhaltig ist meine Idee auch: **Meinen Schuhverschleiß habe ich durch „Overlay" um zwei Drittel reduziert** – und meine besten Skaterfreunde ebenfalls. Außerdem muss für diese Schutzkappe kein Tier sterben.

Beim Europa-Event von NFTE im Dezember 2016 in Berlin präsentierte ich meine Idee auf Englisch im Wettbewerb mit Jugendlichen aus vielen europäischen Ländern – dass ich am Ende als Sieger (in der Kategorie „Best Idea") dastehen und 500 € gewinnen würde, hätte ich wirklich nicht gedacht. Unglaublich! Durch den NFTE Kurs sind mein Selbstvertrauen und meine Motivation gewachsen. Ich weiß jetzt, dass ich, wenn ich mich richtig anstrenge, auch etwas erreichen kann! Nach meinem Sieg habe ich mich 2017 auf die Schule konzentriert,

eine Lehrstelle als Kaufmann für Büromanagement gefunden und einen guten Realschulabschluss geschafft (Englischnote: 1, da habe ich durch das Präsentieren noch deutlich dazugelernt …).

Jetzt habe ich wieder mehr Zeit, an meiner Gründung weiterzuarbeiten. Meine Zukunftsvision – Angestellter oder Entrepreneur? Ich nehme jetzt beide Optionen mit in die Zukunft. Vielleicht kombiniere ich beides, das kann ich mir gut vorstellen.

PS: Gerade habe ich beim NFTE Landesevent Bayern als Jurymitglied mitgemacht – so ändern sich die Rollen …

ZUSAMMENFASSUNG UND AUFGABEN

I. Entrepreneure sind die kreative Triebfeder der Geschäftswelt.

A. Probleme, Unzulänglichkeiten und Hindernisse inspirieren neue Unternehmen.
B. Hobbys, Interessen und Fertigkeiten können die Basis für neue Unternehmen werden.

II. Kreativität kann entwickelt werden.

A. Versuche, offen für Neues zu sein!
B. Fürchte dich nicht davor, Fehler zu begehen!
C. Hinterfrage Sichtweisen, denke innovativ!

III. Du besitzt einzigartige Markt-Kenntnisse.

A. Die Bedürfnisse deines Marktes zu studieren, kann dir Ideen für die Gründung eines Unternehmens liefern.
B. Dein Unternehmen muss ein Bedürfnis der Menschen in deinem Markt befriedigen.

IV. Bahnbrechende Erfindungen verändern die Welt.

Alyshas clevere Erfindung fürs Picknick: Die Anti-Ameisendecke.

AUFGABEN

1 / ★ - BASIC

Was willst du tun, um deine Kreativität zu steigern? Schreib eine halbe bis ganze Seite dazu und erkläre, welche Tipps dir für dich persönlich besonders gut gefallen haben.

2 / ★★ - GO ON

Warum können Entrepreneure als Künstler oder Künstlerinnen der Wirtschaft bezeichnet werden? Gib eine kurze Erklärung.

3 / ★★ - GO ON

Schreibe ein paar Sätze in dein NFTE Praxisheft, in denen die Begriffe „Neue Sichtweisen entwickeln", „Kreativität" und „Querdenken" vorkommen und richtig verwendet bzw. erklärt werden.

Zukunft sichern: Nachhaltige und soziale Unternehmenskonzepte entwickeln

Kapitel 5

Lernziele

Wenn du dieses Kapitel gelesen und die Übungen ausgeführt hast, kannst du:

- ☑ verstehen, warum Nachhaltigkeit für die Umwelt sehr wichtig ist,
- ☑ Beispiele von Entrepreneuren finden, die erfolgreich nachhaltige Konzepte verwirklichen,
- ☑ darauf achten, dass deine Wirtschaftspläne umweltgerecht und sozial fair sind,
- ☑ Ideen entwickeln, die das Leben von Menschen besser machen

> "Wir alle müssen Verantwortung für unseren Planeten Erde übernehmen. Ökologisch, sozial und wirtschaftlich tragfähige neue Ideen und Geschäftsmodelle haben eine große Zukunft."
>
> Wolf-Dieter Hasenclever, Professor für Entrepreneurship und Nachhaltigkeit, FHM Berlin

Wir haben nur den einen Planeten, auf dem wir leben, unsere Erde

Die Welt für zukünftige Generationen in Ordnung zu halten ist doch eigentlich selbstverständlich. Oder?

Aber seit vielen Jahrzehnten haben sich die Staaten, die Gesellschaft und ganze Wirtschaftszweige darum nicht gekümmert. Da wurden z. B. in zahlreichen Meeren so lange viel zu viele Fische gefangen, bis fast nichts mehr übrig geblieben ist. Was sollen die nächsten Generationen dann fischen?

Die Luft, die für alle da ist, wurde lange Zeit ohne jede Beschränkung verschmutzt: von Kohlekraftwerken, Industriebetrieben, Heizungsanlagen der Wohnhäuser, Autos, Motorrädern usw. Teilweise führte das zu großen Katastrophen, eine besonderes schlimme geschah in London: 1952 starben durch eine Mischung von Abgasen und Nebel mehr als 12.000 Menschen!

Nach und nach verstand man in der Politik, dass es so nicht weitergehen konnte: In Deutschland wurde 1974 das erste umfassende Luftreinhaltungsgesetz (Bundes-Emissionsschutzgesetz) verabschiedet. Wie ihr sicher wisst, versuchen aber trotzdem bis heute manche Unternehmen, die Gesetze zu umgehen: 2016 wurden gleich mehrere Autohersteller dabei ertappt, dass sie ihre Kundinnen und Kunden betrogen und angeblich umweltfreundliche Diesel-Fahrzeuge verkauft haben. Tatsächlich verursachten diese eine viel zu hohe Luftverschmutzung.

Aber auch unsere **Konsumwünsche** sind oft nicht gerade umweltfreundlich. Für die Rohstoffe, die in unseren Smartphones und Computern verarbeitet werden, werden ganze Landstriche in anderen Kontinenten umgegraben. Die Menschen, die dort leben, fragt niemand, ob sie das gut finden. Urwälder, die für die Ureinwohner die Lebensgrundlage bilden, werden verbrannt, gerodet und in Plantagen umgewandelt, gerade auch für unseren Bedarf in Europa an Avocados, an Palmöl usw.

Und sicher wisst ihr, warum viele Klamotten bei uns so billig sind: T-Shirts für 5 Euro, Jeans für 18 Euro, ständig wechselnde Modeteile – super für uns, jedenfalls für alle Kundinnen und Kunden, die billig shoppen und immer wieder Neues tragen möchten.

Aber sind die Löhne und Arbeitsbedingungen der Näherinnen in den Ländern, aus denen die Kleidung meistens kommt, fair?

Viele Menschen in Afrika und Asien fliehen vor Krieg, aber auch vor Hunger und bitterster Armut, um ihr Leben zu retten. So gesehen leben wir hier in Deutschland und Europa auf einer Insel der Seligen. Aber wenn es mit den Umwelt- und sozialen Problemen in der Welt nicht deutlich besser wird, ist das schöne Inseldasein auch bald vorbei.

Zum Glück haben sehr viele Politikerinnen und Politiker, aber auch Unternehmen die Probleme erkannt. Fast alle Nationen haben Beschlüsse gefasst, dass sie auf Umweltschutz und soziale Fairness bei der wirtschaftlichen Entwicklung achten wollen, einen grundlegenden Beschluss findet ihr in der Sprechblase. Inzwischen gibt es viele weitere Beschlüsse. Das könnt ihr leicht im Web nachlesen.

"DIE BEDÜRFNISSE DER GEGENWÄRTIGEN GENERATION BEFRIEDIGEN, OHNE ZU RISKIEREN, DASS KÜNFTIGE GENERATIONEN IHRE EIGENEN BEDÜRFNISSE NICHT BEFRIEDIGEN KÖNNEN."

UN Konferenz von Rio de Janeiro 1992

GO WEB
www.nfte.de/buch/kap5

Du findest die 17 Ziele der AGENDA 2030 der Vereinten Nationen für eine nachhaltige Entwicklung in einer Übersicht sowie einen Auszug aus dem Beschluss der Generalversammlung.

AUFGABEN

1 / ★ - BASIC
Welche Nummer hat das Ziel „Meere schützen"?

2 / ★★ - GO ON
Mit Aktionen zu welchen vier Zielen würdest du sofort beginnen, weil du sie besonders wichtig findest?

3 / ★★★ - WOW
Lies die Punkte 8 und 9 der Vision der Vereinten Nationen und beschreibe sie mit deinen Worten.

Inzwischen sind sehr viele Menschen überzeugt, dass auch Unternehmen ihren Teil beitragen müssen, um das Ziel der Vereinten Nationen „Nachhaltige Entwicklung für die ganze Menschheit" erreichen zu können: also Umweltschutz betreiben, sich zu fairen Preisen aus Afrika und aus Ländern wie Bangladesch oder Vietnam beliefern lassen und soziale Standards für Mitarbeiterinnen und Mitarbeiter der dortigen Unternehmen verwirklichen. Und immer mehr Menschen treffen ihre Kaufentscheidungen nicht nur nach dem Preis, sondern auch danach, ob das Unternehmen solchen Maßstäben folgt.

Umweltschutzorganisationen wie z. B. Greenpeace, Robin Wood, World Wide Fund for Nature (WWF), Naturschutzbund Deutschland (NABU), Bund für Umwelt und Naturschutz Deutschland (BUND) machen auf Probleme überall auf der Welt aufmerksam und üben Druck auf Politik und Wirtschaft aus, Missstände zu beseitigen.

Durch sie werden auch Behauptungen von Unternehmen, dass sie nachhaltig produzieren würden, überprüft. Ohne sie sähe es mit der Umwelt und oft auch mit den sozialen Bedingungen in sich entwickelnden Ländern erheblich schlechter aus.

▶ **Was haben Umweltschutzorganisationen mit Entrepreneurship und Unternehmensgründung zu tun? Ganz viel. Denn diese mussten von mutigen und kreativen Menschen ja erst einmal gegründet werden.**

Sie haben das Problem mangelhaften Umweltschutzes erkannt und beschlossen, dagegen aktiv etwas zu unternehmen. Sie nahmen die Sache in die Hand, gründeten z. B. einen Verein und bewirkten große Veränderungen.

▶ **Manchmal kann durch Erkenntnis eines Missstandes und eine daraus folgende Gründung auch ein riesiges Unternehmen entstehen.** Denkt mal an das Rote Kreuz: eine Organisation, die aus unserer Welt gar nicht mehr wegzudenken ist. Das Rote Kreuz betreibt Krankenhäuser und Unfallhilfe, es hilft bei Kriegen und Terrorangriffen auf der ganzen Welt den Opfern. Bei Naturkatastrophen ist es ebenfalls mit als erstes zur Stelle. Seine Gründung ist eine faszinierende Geschichte.

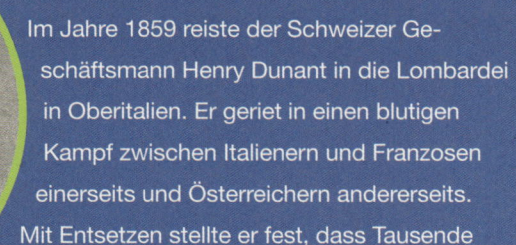

Im Jahre 1859 reiste der Schweizer Geschäftsmann Henry Dunant in die Lombardei in Oberitalien. Er geriet in einen blutigen Kampf zwischen Italienern und Franzosen einerseits und Österreichern andererseits. Mit Entsetzen stellte er fest, dass Tausende von verwundeten Soldaten ohne jegliche Hilfe auf dem Schlachtfeld zurückgelassen worden waren, dem sicheren Tod ausgeliefert. **"Das kann doch nicht sein", dachte er und organisierte eine Hilfsaktion.**

Dann berichtete er in der Schweiz über seine Idee: Er wollte „freiwillige Helfer" ausbilden lassen, die sich im Krieg neutral verhalten, von allen Seiten nicht angegriffen, sondern respektiert werden und allen Kranken und Verwundeten helfen. Er fand vier Unterstützer, die ihm halfen, seinen Gedanken auch international zu verbreiten. Aus dieser Initiative bildete sich das Internationale Komitee vom Roten Kreuz. Bald kam die Idee auf, auch Krankenhäuser zu bauen und Unfallopfern zu helfen.

▶ **Heute gibt es das Rote Kreuz oder im islamischen Bereich den Roten Halbmond (mit den gleichen Zielen) in 176 Ländern. Alle haben sich zu folgenden Grundsätzen verpflichtet: „Menschlichkeit, Unparteilichkeit, Neutralität, Unabhängigkeit, Freiwilligkeit, Einheit, Universalität"**

Allein in Deutschland hat das Rote Kreuz über 140.000 fest angestellte Mitarbeiterinnen und Mitarbeiter und 300.000 freiwillige Helfer.

▶ **Dunant war ein Unternehmer, der ein großes gesellschaftliches Problem (mangelnde Hilfe für Verletzte und Kranke) erkannt hat und eine Initiative gründete, die bei der Lösung des Problems hilft.**

Was lernen wir daraus?

Probleme und Missstände in der Gesellschaft oder bei einzelnen Gruppen können zu einer Idee führen, wie man sie beheben kann. Aus einer solchen „sozialen" Idee kann sogar ein riesiges Unternehmen entstehen.

Sozialunternehmerinnen und -unternehmer (Social Entrepreneurs) sind Menschen, die ein soziales oder ökologisches Problem in der Gesellschaft oder bei einer Gruppe von Menschen entdecken und dafür eine Lösungsidee entwickeln.

2004 gründeten Murat und Serife Vural, deutsche Geschwister mit türkischen Wurzeln, das „Chancenwerk". Sie hatten bemerkt, dass viele Kinder und Jugendliche in der Schule weit unter ihren Möglichkeiten bleiben. Ihnen fehlt es an Unterstützung und Ermutigung, wenn es beim Lernen schwierig wird. Manche haben auch wegen eines Migrationshintergrunds Probleme mit der deutschen Sprache.

Murat selbst hatte es aus eigener Kraft vom Hauptschüler bis zum Studienabschluss geschafft. Die soziale Idee der Vurals: Sie engagierten Studierende, die älteren Schülern kostenlos helfen, und diese helfen dann wieder jüngeren. So entsteht eine „Lernkaskade".
Inzwischen hat das „Chancenwerk" in 32 Städten mehr als 3.600 Jugendlichen (Stand: 2017) besonders aus Familien mit geringem Einkommen geholfen, ihre Bildungschancen zu verbessern.

Sicher weißt du schon einiges über **Gewerkschaften**. Sie vertreten die Interessen der Arbeitnehmerinnen und Arbeitnehmer gegenüber den Unternehmen. „Was haben die denn mit Entrepreneurship zu tun?", wirst du fragen. Die Antwort ist auch hier: ganz viel.

Denn auch die Gewerkschaften mussten ja erst einmal gegründet werden. So erkannte z. B. der Schriftsetzer Stephan Born 1848, dass gegen ungeregelte Arbeitszeiten und viel zu geringe Löhne unbedingt etwas unternommen werden müsse.

Er bildete das „Berliner Zentralkomitee für Arbeiter" und berief im August 1848 den sogenannten allgemeinen Deutschen Arbeiterkongress nach Berlin ein. Viele mutige Menschen ergriffen weitere Initiativen, und schließlich entstanden die großen Organisationen, die wir heute als Gewerkschaften kennen. Ohne sie gäbe es z. B. wohl kaum eine Lohnfortzahlung im Krankheitsfall oder geregelte Urlaubsansprüche.

Auch die Gewerkschaften sind durch Sozialunternehmer gegründet worden.

Umweltprobleme lassen sich oft durch neue Ideen lösen: Ein wunderbares Beispiel ist der (1994 geborene) junge Holländer Boyan Slat. Schon als Kind liebte er das Meer sehr. Er fing an, zu tauchen – und sah mit 16 Jahren beim Tauchen in Griechenland entsetzt, dass es an vielen Stellen mehr herumtreibende Plastikteile gab als Fische.

Im Rahmen eines Schulprojektes (!) entwickelte er die Idee, wie man Plastikmüll an den Stellen, wo er sich durch die Strömungen sammelt, preisgünstig wieder einsammeln kann. Um seine Ideen zu testen, brauchte er Geld.
Er gründete ein Unternehmen: „The Ocean Cleanup".

Boyan Slat
„The Ocean Cleanup"

GO WEB

AUFGABE

1 / ★ - BASIC

▶ Recherchiere im Web über das innovative Projekt und berichte im Kurs darüber.

▶ Slat setzte zur Finanzierung auf „Crowdfunding", um von vielen Menschen über das Web Geld für das Projekt einzusammeln. Recherchiere auch darüber und berichte davon.

„The Ocean Cleanup"

Innerhalb von noch nicht mal einem Monat hatte er schon fast 900.000 € eingesammelt. Inzwischen (2017) hat seine Firma bereits 31,5 Millionen Dollar zusammen, um die geplanten Anlagen zu bauen, schneller als erwartet.

Die erste Versuchsanlage ist in der Nordsee schon erfolgreich in Betrieb gegangen.

Weil es mit der Luftverschmutzung so nicht mehr weitergeht, werden neue Konzepte des Verkehrs immer wichtiger. Elektrofahrräder („E-Bikes") kennt ihr – sie ermöglichen jetzt schon eine bequeme und umweltfreundliche Fortbewegung auch bei größeren Steigungen. Immer wichtiger werden auch Elektroautos und Elektrotransporter. Hier sind neue Ideen in vielen Bereichen, z. B. für die Auslieferung von Paketen, und für die Beförderung von Behinderten und alten Personen möglich. Es ist wichtig, dass sich die besten schnell durchsetzen.

Inzwischen gibt es zahlreiche Unternehmen in Deutschland und in der ganzen Welt, die es sich ausdrücklich zur Aufgabe gemacht haben, eine nachhaltige Entwicklung zu fördern.

Entrepreneure und ihre Idee

Ein großes Fair-Trade-Unternehmen, die Handelsfirma GEPA aus Wuppertal, wollen dir jetzt 3 NFTE Berufschülerinnen aus NRW vorstellen.

Julia, Besarta und Manal haben vor Ort ein Interview gemacht und daraus ein Portrait entwickelt, in dem sie anschaulich machen, was fairer Handel ist.

GO WEB
www.nfte.de/buch/kap5

Du siehst also: Ohne Menschen, die mutig etwas Neues machen wollen, sind die Probleme nicht zu lösen. Dies gilt für Produkte, für Erfindungen, für Dienstleistungen, aber genauso für soziale Organisationen, sogar für politische Parteien. Wahrscheinlich wären wir ohne solchen unternehmerischen Geist noch in der Steinzeit, und einige Häuptlinge würden die anderen gnadenlos unterdrücken und schikanieren …

Wenn du mehr über Social Entrepreneurship wissen möchtest, kannst du dich z. B. auf der Webseite von Ashoka (http://germany.ashoka.org/uber-uns) informieren. Dort wird auch dargestellt, dass man unter bestimmten Umständen für sein Vorhaben als Social Entrepreneur Hilfen und Geld zum Lebensunterhalt bekommen kann.

Nun aber zu den Möglichkeiten, wie du selbst mit einer Geschäftsidee vielleicht zu besserem Umweltschutz, zu mehr Fairness im internationalen Handel oder zu einem besseren Leben für benachteiligte Gruppen in der Gesellschaft beitragen kannst.

Erinnere dich: Heute geht es immer mehr Menschen und damit auch möglichen Kundinnen und Kunden darum, dass Angebote auf fairen Handel, auf Schonung der Umwelt und auf das Lösen sozialer Probleme angelegt sind.

Bei aller Begeisterung über soziales Engagement und Einsatz für die Umwelt darfst du aber eines nicht vergessen: Entscheidend für den Erfolg war immer auch, dass genügend Finanzmittel zusammenkamen.

Man muss seine Lebensmittel, Kleidung, die Mieten, die Computer, das Material, die Webanschlüsse und noch viel mehr bezahlen, und das muss alles verdient oder vielleicht auch durch Beiträge und Spenden eingesammelt werden. Mit klugen Geschäftsmodellen kann man Umwelt- und Ressourcenprobleme lösen und dabei noch Geld verdienen

Wenn du deine eigene Geschäftsideen entwickeln möchtest, frage dich, ob du nicht vielleicht ein Nachhaltigkeitsunternehmer oder eine Nachhaltigkeitsunternehmerin werden möchtest.

Das bedeutet, dass du durch deine Idee und dein Angebot dazu beiträgst, die Lebensqualität für eine bisher benachteiligte Gruppe von Menschen zu verbessern oder schädliche Auswirkungen auf die Umwelt zu minimieren. Von einigen Möglichkeiten hast du in diesem Kapitel schon gehört.

Eine weitere wirst du in Kapitel 7 durch die Schülerin Kristine kennen lernen (S.101). Übrigens: Auch bei den Wettbewerben kommen nachhaltige Geschäftsideen sehr gut an.

Lerne den „ökologischen Rucksack" kennen

Die Belastung für die Umwelt, die einzelne Produkte oder Dienstleistungen verursachen, nennt man ihren **„ökologischen Rucksack"**. Man kann die Umweltbelastungen feststellen und vergleichen. Oft sind die Ergebnisse anders, als man vorher gedacht hat. Fehlentscheidungen und Schädigungen der Umwelt kannst du so vermeiden.

1 / ★ - BASIC
▶ Suche den Begriff „ökologischer Rucksack" im Web und informiere dich. Erkläre den Begriff im Praxisheft an einem Beispiel.

GO WEB

Vom NFTE Kurs zum Nachhaltigkeitspreis und zum politischen Engagement: Chikwado Anna Sylvester

Foto: Johannes ‚James' Zabel

Ich habe voller Neugierde den NFTE Kurs ab der neunten Klasse am Gymnasium in Berlin belegt – als Ergänzung zu meinem regulären Wirtschaftsunterricht, der mir auch damals schon großen Spaß gemacht hat.

NFTE war ein völlig neues, aufregendes Konzept, frei von starren Strukturen, an die man als Schüler schon leider gewöhnt war. Für mich bat sich die Möglichkeit, für ein paar Stunden kreativ zu sein – ohne dabei für ‚falsch oder richtig' korrigiert zu werden, was für mich eine unglaubliche Befreiung war und mich gleichzeitig für mehr motiviert hat.

Ich habe das Buch komplett durchgearbeitet und endlich mal mit voller Intensität auch abends und am Wochenende an meinem Projekt gearbeitet.

Beim Samstagseinkauf mit meiner Mutter stand ich am Parkplatz des Supermarktes und wusste plötzlich (eine Art Eingebung): Baby … Mütze … nachhaltig … goldenes Band. Ich bin dann schnell nach oben gerannt und habe alles auf den nächstbesten Zettel geschmiert – von da an hat sich dann der Rest entwickelt. Der soziale Aspekt meiner Säuglingsmützen war eine der Grundsäulen meiner Geschäftsidee. Stricken konnte ich, und dass Säuglinge in den ersten Wochen ständig ein Mützchen tragen müssen, um den noch zu empfindlichen Kopf zu schützen, wusste ich auch.

Ich wollte alles selbst machen und nichts Fertiges verwenden, um die Kontrolle über das Material zu haben. Also verwendete ich feine Bio-Baumwolle, und das goldene Bändchen in den Mützchen sollte nicht nur Schmuck, sondern mein Markenzeichen sein. Der Name **„G(h)old on me"** vereint das Markenzeichen Gold mit dem beschützenden Gedanken „hold on me".

Ich entschied mich, von meinen Einnahmen von jedem verkauften Mützchen einen Euro zurückzulegen und von diesen Rücklagen kostenlose Mützchen für Säuglinge in Afrika zu spenden.

Der zweite Platz beim Bundesevent in Berlin hat mich total verblüfft. Ich durfte zum Europaevent nach Wien und meine Idee vorstellen. Dort war ich dann sprachlos: Ich wurde „Young European Entrepreneur of the Year" und bekam von der internationalen Jury außerdem auch noch den **Nachhaltigkeitspreis** zugesprochen. Sehr stolz war ich im Nachhinein,

JUNG, KREATIV, ENTREPRENEUR!

weil es das erste Mal für mich war, ganz einfach mit Mut und Selbstvertrauen etwas wirklich Großes erreicht zu haben. Mich begleitet dieses Gefühl bis heute – die beste Motivation, die es also geben kann. Jetzt gehe ich gerade auf das Abi zu.

Ich brenne für Startups und bin bis jetzt immer noch gut in der Materie drin; durch NFTE verbinde ich Entrepreneurship mit viel Spannung. Vor allem sehe ich darin aber eine große Chance für die Zukunft und viele Innovationen: geschaffen von jungen Menschen für alle.

Dass mein Herz für Politik schlägt, habe ich auch während NFTE schon bemerkt, so dass ich mich drei Jahre nach meiner Erfahrung mit dem Kurs dann auch getraut habe, nicht nur die weltpolitische Bühne durch ewig lange Lektüre zu beobachten, sondern selber, zu Hause, in Berlin mit anzupacken.

Wenn man dann noch in einer Partei beheimatet ist, die Startup-Förderung ganz oben als Priorität gesetzt hat, kann man das fast als Sechser im Lotto beschreiben – so fühlt es sich jedenfalls an. Das wünsche ich mir für meine nähere und fernere Zukunft:

**Dinge selbstständig anzupacken, Angst wegzustecken und den Mut zu haben, meine Wünsche auszusprechen und dafür zu kämpfen, sie realisieren zu können …
weswegen ich auch kein Geheimnis daraus mache, mir für später vorstellen zu können, einmal im Bundestag Gründerkultur nach ganz oben auf die Agenda zu setzen.**

ZUSAMMENFASSUNG UND AUFGABEN

I. Der Planet, auf dem wir leben, ist in mehrfacher Hinsicht durch das Fehlverhalten von uns Menschen bedroht. Luftverschmutzung, Überfischung der Meere, Verschwendung von Ressourcen, Urwaldrodung und schlechte Arbeitsbedingungen in Billiglohnländern wegen unserer Konsumbedürfnisse sind nur einige Stichworte dazu. Politik und Wirtschaft müssen darauf reagieren und haben damit begonnen.

A. Social Entrepreneurs sind Menschen, die ein soziales oder ökologisches Problem in der Gesellschaft oder bei einer Gruppe von Menschen entdecken und dafür eine unternehmerische Lösungsidee finden.

B. Immer mehr Menschen entwickeln eine andere Einstellung als früher und achten bei ihren Einkäufen auf ökologisch einwandfreie Waren, auf Sparen von Ressourcen und auf fair produzierte und gehandelte Produkte. Sie sind bereit, dafür mehr zu zahlen anstatt nur möglichst billig zu konsumieren.

C. Alle Menschen, auch du, können jeweils an ihrem Platz dazu beitragen, dass die Welt ein besserer Platz wird. Du kannst bei der Entwicklung deiner Geschäftsidee an Nachhaltigkeit denken und Produkte oder Dienstleistungen entwickeln, bei denen die Umwelt geschont, so fair wie möglich produziert und Benachteiligten geholfen wird.

AUFGABEN

1 / ★ - BASIC

Warum ist Nachhaltigkeit (also Schonung der Umwelt, soziale Fairness und wirtschaftlicher Erfolg) für die Zukunft so wichtig?

2 / ★ - BASIC

Welche der folgenden Produkte passen zu einer nachhaltigen Wirtschaft? Schreibe aus der folgenden Liste im Praxisheft die Produkte heraus, die nachhaltig sind: Motorrad, Elektrofahrrad, billige gefrorene Hähnchenkeulen, Jet-Ski, Äpfel aus der Umgebung, Tiefkühlpizza, Jeans aus wiederverwendeten Textilfasern, Kinder-Überraschungseier, Froschschenkel, Motorboote, Lachs aus Fischzucht.

3 / ★★ - GO ON

Geh ins Internet, gib bei einer Suchmaschine „Nachhaltigkeitspreis-Unternehmen" ein. Du findest unter den aufgeführten Preisträgern eine ganze Reihe von Unternehmen. Such dir eines davon aus und beschreibe, warum das Unternehmen einen Nachhaltigkeitspreis bekommen hat!

4 / ★★★ - WOW

Informiere dich im Web über Murat und Serife Vurad und ihr „Chancenwerk". Nutze verschiedene Quellen, z. B. ein Interview mit Murat. Schreibe einen Text von 1-2 Seiten über den Lebensweg der Vurals, ihr Engagement als „Social Entrepreneurs" und den Erfolg des „Chancenwerks" in Schulen.

Von deinen Talenten und Hobbys zur eigenen Geschäftsidee

Kapitel 6

Lernziele

Wenn du dieses Kapitel gelesen und die Übungen ausgeführt hast, kannst du:

- ✓ deine Talente und Hobbys erkennen,
- ✓ Geschäftsfelder und Chancen für junge Entrepreneure entdecken,
- ✓ dich für deine eigene Geschäftsidee entscheiden,
- ✓ einen ersten Namen für dein Unternehmen erfinden.

"Du und deine Geschäftsidee – ihr sollt zusammenpassen. Wenn du selbst begeistert bist, dann kannst du auch andere überzeugen."

Connie Hasenclever

5 gute Dinge über mich

Nachdem du dir in dieser Übung darüber klar geworden bist, dass du gute Eigenschaften und Talente besitzt, die in dieser Kombination nicht jeder hat, die also einmalig sind, kannst du nun darüber nachdenken, wie du sie für eine eigene Geschäftsidee nutzen kannst.

Auswahl deines Geschäftsbereichs

Welcher Bereich (welche „Branche") interessiert dich am meisten, und worüber weißt du besonders viel? Gemeint sind hier z. B. Sport (ggf. eine bestimmte Sportart), Computer- und IT-Bereich, Musikbranche, Veranstaltungsorganisation (Events), Mode, Ökologie (Umweltschutz, Energie- und Materialersparnis), Gastronomie, Soziales (Kinder und Jugendliche, Kranke, alte Menschen, Behinderte), Handwerk und Technik, Medien, Haustiere, Einzelhandel usw.

Zwei Kreative: Pauline und Lisa

Stell dir nun einen Moment lang vor, du arbeitest genau in dem Bereich deiner Wahl. Träumen ist erlaubt. Ist es „der Richtige" für dich? Wirst du dein Interesse und deine Begeisterung eine lange Zeit aufrechterhalten können? Dann denk genauer darüber nach.

Nimm dir vor, dein Unternehmen möglichst einfach zu halten. Dies wird dein erstes Unternehmen sein, also beiße kein größeres Stück ab, als du verdauen kannst.

Viele erfolgreiche Entrepreneure gründen im Laufe ihres Lebens mehr als ein Unternehmen.

Beginne mit etwas Einfachem: mit etwas, von dem du weißt, dass du es gut kannst. Es bleibt dir noch der Rest deines ganzen Lebens, um dich größeren und komplexeren Herausforderungen zu stellen.

Ein erfolgreicher Entrepreneur hört darauf, was die Leute in seiner/ihrer Umgebung sagen: Was mögen die Menschen, die du kennst? Was wollen sie? Was brauchen sie? Könntest du eines ihrer Bedürfnisse erfüllen? Sind sie bereit, einen Preis zu bezahlen, der dich mit Gewinn produzieren lässt? Bedenke immer, dass du einzigartige Kenntnisse deines Marktes besitzt.

Produktion oder Dienstleistung?

Erinnere dich: Ein Unternehmen verkauft ein Produkt oder eine Dienstleistung (einige Unternehmen verkaufen beides).

Ein **Produkt** ist etwas, das in der Natur existiert oder von Menschenhand oder Robotern hergestellt wird. Es ist real, das heißt, es ist greifbar, z. B. ein Fahrrad oder ein Smartphone.

Eine **Dienstleistung** ist Arbeitszeit, eine Fertigkeit oder Fachwissen im Tausch gegen Geld. Dienstleistungen können nicht wirklich angefasst werden. Dienstleistungen erbringen z. B. Ärztinnen und Rechtsanwälte, Fahrradkuriere, Babysitter, IT-Beraterinnen oder Haus-Krankenpflegedienste.

Du könntest dein Unternehmen auf einem Produkt oder einer Dienstleistung (oder beidem!) aufbauen. Gibt es irgendwelche Produkte, die du selbst produzieren kannst? Gibt es welche, von denen du weißt, dass du sie für weniger Geld kaufen könntest, als du sie dann auf deinem Markt verkaufst?

Gibt es eine Dienstleistung, die du in deiner Umgebung anbieten könntest? Besitzt du irgendwelche besonderen Fertigkeiten oder Fachkenntnisse, die andere nutzen könnten?

Verwandle deine Hobbys, Fertigkeiten und Interessen in ein Unternehmen

Die Möglichkeiten für junge Leute, die vorhaben, ein Unternehmen zu gründen, sind fast grenzenlos. Du wirst gleich noch eine Auswahl interessanter Beispiele kennen lernen, die dich inspirieren können.

> ▶ Was du gerne in deiner Freizeit tust, könnte vielleicht in ein erfolgreiches Unternehmen verwandelt werden. Geld zu verdienen mit einer Tätigkeit, die dir besonders viel Spaß macht – das wäre doch eine tolle Sache!
>
> ▶ Jetzt ist der Moment gekommen, dich mit deinen Träumen, Wünschen und Zukunftsphantasien zu beschäftigen. Man nennt so etwas eine Vision entwickeln. Entwickle deine Vision!

In deinem Praxisheft findest du eine Übung dazu: „Deine Visionen, Wünsche und Träume". Führe sie aus und halte das Ergebnis schriftlich fest.

Vom Wendekleid im NFTE Kurs zu originellen Torten-Kreationen: Tiffany Karpyk

Ich durfte 2010 in Berlin den NFTE Kurs besuchen, damals war ich in der 9. Klasse und 15 Jahre alt. **Der NFTE Kurs hat mich dazu gebracht, viel zielorientierter zu denken.** Und er hat in mir großen Ehrgeiz geweckt, da es unglaublich viel Freude gemacht hat, zu beobachten, wie sich meine Idee weiterentwickelt hat.

Zu dieser Zeit war ich sehr an dem Thema Modedesign interessiert und hatte mir daher als Ziel gesetzt, ein Kleidungsstück zu entwerfen, das es zum einen noch nicht gab und das zum anderen einen modischen und zugleich auch praktischen Zweck erfüllen sollte. Mit diesem Ziel vor Augen entwarf ich ein Kleid, das man im Handumdrehen durch einen Reißverschluss von einem Alltagskleid in ein Partykleid verwandeln konnte, ohne sich dabei umzuziehen. Die 12-köpfige Jury in meiner Schule konnte ich dafür begeistern.

Beim Bundesevent in Berlin war ich dann überglücklich, als bekannt gegeben wurde, dass ich auf Platz 2 gewählt wurde. Auch wenn ich es nicht auf den 1. Platz geschafft hatte, war ich keineswegs traurig. Denn warum auch traurig sein? Diese Erfahrung und dieses Abenteuer, das ich durch NFTE erleben durfte, ist etwas ganz Besonderes. Und das, was ich erreicht habe … darauf bin ich stolz. Nach meinem Realschulabschluss habe ich das Abitur gemacht. Im Moment befinde ich mich in einer Ausbildung zur Industriekauffrau, die ich demnächst abschließen werde. Einen kreativen Ausgleich habe ich im Backen und Gestalten von Torten und Cupcakes gefunden. Das Erstellen von Thementorten macht mir unglaublich viel Spaß, und hier kann ich meiner Kreativität freien Lauf lassen.

Mein Gebäck hat schon einiges Aufsehen erregt.
Inzwischen kreiere ich immer wieder für den einen oder anderen Torten und Cupcakes für verschiedenste Anlässe. An Nachfrage fehlt es nicht. Zunächst möchte ich jetzt erst einmal Berufserfahrung sammeln und vollständig auf dem Arbeitsmarkt ankommen. Ich lasse mich überraschen, was die Zukunft dann für mich bereithält. Ich kann mir durchaus vorstellen, meine unternehmerischen Kenntnisse, die ich durch NFTE sammeln durfte, irgendwann wieder zum Einsatz zu bringen.

JUNG, KREATIV, ENTREPRENEUR!

Mögliche Unternehmen für junge Entrepreneure

Welche Art von Unternehmen kannst du entwickeln? Wo bieten sich Chancen für dich? Auf den folgenden Seiten findest du viele verschiedenartige Beispiele zur Anregung deiner Kreativität und Phantasie. Lies sie bitte aufmerksam durch. Fotos zeigen dir einige kreative Produkte, die sich NFTE Schülerinnen und Schüler ausgedacht haben.

▶ **Computer- und Softwareinstallation, Umgang mit Smartphones**
Insbesondere viele alte Menschen würden gerne noch lernen, mit dem Computer und dem Smartphone umzugehen. Wenn du dich damit gut auskennst, könntest du ihnen helfen, sich damit vertraut zu machen und die Geräte genau für ihren Bedarf einrichten. Emails schreiben, im Internet surfen, mit Kindern und Enkelkindern skypen, Apps und soziale Netzwerke kennen und nutzen lernen, Virenabwehr und Systempflege – dabei kannst du sie tatkräftig unterstützen. Deine Kundinnen und Kunden brauchen geduldige Zuwendung und zuverlässige Helfer oder Helferinnen, die ihnen alles erklären und im Bedarfsfall jederzeit schnell da sind. Das kann für dich ein interessanter Markt sein.

▶ **Games / Spielentwicklung**
Vielleicht spielst du nicht nur leidenschaftlich gern Computerspiele, sondern hast auch selber tolle neue Spielideen und dazu das nötige technische Know-how? Wer neue Games entwickeln kann, ist sehr gefragt und kann damit viel Erfolg haben.

▶ **Babysitter-Dienst**
Bist du verantwortungsbewusst und verlässlich? Magst du kleine Kinder? Haben sie Vertrauen zu dir? Du könntest einen Babysitter-Dienst für gestresste Eltern anbieten und ihnen eine echte, bald unentbehrliche Hilfe sein. Dazu solltest du vorher einen Babysitter-Kurs bzw. das Babysitter-Diplom machen, um dazuzulernen und für die Eltern vertrauenswürdig zu sein. Solche Kurse werden zu erschwinglichen Preisen angeboten.

▶ **Backen**
Bäckst du gerne? Du kannst frisch gebackenes Brot, besonders leckere Kekse oder Kuchen verkaufen. Das ist ein Geschäftszweig, in dem die „Mundpropaganda" im wahrsten Sinne des Wortes wirklich die beste Werbung darstellt.

Cupcakes von Tiffany

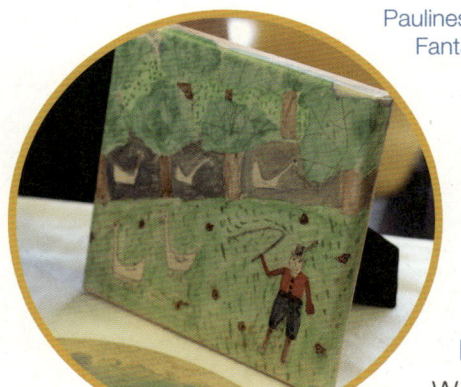

Paulines Idee: Kinder-Fantasien auf Leinwand

▶ **Spiel-, Sport- und Kunstprogramme für Kinder oder alte Menschen**

Wenn du Kinder magst, überlege, ihnen an ein oder zwei Nachmittagen pro Woche ein besonderes Programm anzubieten. Je nachdem was du kannst, z. B. Basteln oder Handarbeiten, Kochen, Puppenspiel, Geschichten erzählen oder Spiel-, Sport- und Fitnessaktivitäten. Maßgeschneiderte Programme brauchen aber auch viele alte Menschen, damit sie sich nicht langweilen und geistig und körperlich fit bleiben. Wenn du geduldig und geschickt mit ihnen umgehst und dir für sie immer wieder etwas einfallen lässt, kannst du dankbare Kundinnen und Kunden finden.

▶ **Fahrrad-/Auto-/Gerätereparatur**

Hast du eine bastlerische Neigung oder technisches Talent? Repariere Fahrräder, Autos, Haushaltsgeräte oder andere Maschinen. Erspare deinen Kundinnen und Kunden möglichst Wege und repariere bei ihnen vor Ort.

▶ **Autowaschen**

Ein zuverlässiger Autowaschservice kann eine ständige Einkommensquelle darstellen. Überlege, in einem Team mit Freunden zu arbeiten und wirb mit einem schnellen Service für gestresste Menschen. Lerne auch, wie man Autos wachst und speziell behandelt, so dass du auch diese Zusatzleistungen anbieten kannst. Voraussetzung für einen solchen Service ist allerdings ein geeigneter Ort und – besonders wichtig – die Beachtung aller Umweltvorschriften!

▶ **Catering**

Kochst du gerne? Beginne ein Catering-Unternehmen und stelle ganze Menüs für Partys und andere Anlässe zusammen. Dazu wirst du bald ein Team brauchen. Wenn du aus einem anderen Land als Deutschland stammst, kannst du vielleicht eine ganz besonders interessante Küche aus deinem Ursprungsland anbieten.

▶ **Upcycling**

Hast du einen guten Geschmack? Bist du einfallsreich und geschickt? Gebrauchte Stoffe wieder zu verwenden, um Ressourcen zu sparen (Recycling), macht Sinn und ist nachhaltig.

Grill aus alten Autofelgen von Felix

Ein besonders kreativer Weg von „Aus alt mach neu" ist „Upcycling" – ein wachsender Markt. Aus kostenlosen oder ganz billigen Alt- und Restmaterialien wie Jeansstoff, Schwemmholz, Reifen, Metallresten, ausrangierten Elektro- und Sportgeräten usw. kannst du völlig neue, attraktive Design-Einzelstücke herstellen.

Schwemmholz-Kreation von Lisa

▶ **Desktop-Publishing**
Du benötigst dazu einen Computer, einen Laserdrucker und ein gutes Textverarbeitungsprogramm. Du brauchst auch Talent für Design. Mit diesen Voraussetzungen kannst du z. B. Speisekarten, Programmhefte, persönliches Schreibpapier gestalten oder Versandlisten und viele andere Dinge zusammenstellen bzw. betreuen.

▶ **Unterhaltung**
Du stehst gern vor Publikum? Du kennst Zaubertricks oder hast schauspielerische Erfahrung? Du könntest es vielleicht genießen, ein Clown, Zauberer oder Comedian zu sein, der oder die auf Partys, in Krankenhäusern und bei anderen Ereignissen die Leute unterhält und zum Staunen und Lachen bringt. Wenn du musikalisches Talent besitzt, könntest du eine Band zusammenstellen und auf Hochzeiten oder Partys spielen. Du bist sehr geschickt mit deinen Händen? Du könntest lernen, zu jonglieren.

▶ **Botendienst/Hol- und Bringservice**
Bist du schnell, läufst gerne und fährst viel Fahrrad? Versuche einen Botendienst (Hol- und Bringservice) bzw. Paketzustelldienst aufzuziehen. Dies ist eine Beschäftigung, bei der das Startkapital niedrig ist. Das Geschäft kann sich schnell entwickeln, wenn du dir den Ruf aufbaust, sehr verlässlich und schnell zu sein.

Biete an, Besorgungen und Zustellungen für kleinere Unternehmer und andere zu machen, die keine Zeit dafür haben. Werde unentbehrlich, und du besitzt bald ein wachsendes Unternehmen. Viele Berufstätige und ältere Menschen wären froh, wenn jemand ihnen z. B. Sachen in die Reinigung oder Wäscherei und sauber wieder nach Hause bringt.

▶ **Gartenarbeiten und Rasenmähen**
Arbeitest du gerne im Freien? Hast du einen „grünen Daumen"? Du findest leicht, sozusagen direkt von der Straße aus, Rasenflächen und Gärten, die von ihren Besitzern nicht so gepflegt werden, wie es sein sollte. Du könntest bei deinen Kundinnen und Kunden Rasen mähen, Unkraut und Laub beseitigen, Obstbäume

schneiden und im Winter auch Schneeräumdienste anbieten. Insbesondere alte Menschen sind dafür sehr dankbar und bereit, etwas zu zahlen.

▶ **Wartung von Aquarien**
Wenn das Halten von Fischen zu deinen Hobbys zählt, warum nutzt du dies nicht als Einnahmequelle? Du wirst über Süß- und Salzwasseraquarien Bescheid wissen müssen. Biete deine Dienste sowohl örtlichen Geschäftsleuten und Restaurants als auch Einzelpersonen an: Du kannst für andere Aquarien nach Wunsch einrichten und ggf. auch zu bestimmten Zeiten die Wartung übernehmen.

▶ **Geschenkkörbe**
Jeder Feiertag wie Geburtstage, Jubiläen, Ostern oder Weihnachten bietet die Gelegenheit, einen Warengeschenkkorb zu kreieren, den du verkaufen kannst. Du kannst auch einen individuellen Kundendienst anbieten und Körbe nach den besonderen Interessen der beschenkten Person zusammenstellen.

▶ **Fotografieren/Videoaufnahmen**
Machst du richtig gute Fotos und Videos? Immer mehr Leute lassen ihre Hochzeiten, Geburtstage, Partys und andere Anlässe fotografieren oder auf Video aufnehmen (oder beides). Du wirst Beispiele deiner Arbeit brauchen, um diese deinen zukünftigen Kunden zu zeigen.

Laras Katzentipi „Animal Dream"

▶ **Produkte und Dienstleistungen für Haustiere**
Liebst du Haustiere?
30 Millionen Haustiere gibt es in deutschen Haushalten, die gute Pflege, gesunde Nahrung, verschiedenstes Zubehör und ggf. Ferienbetreuung benötigen. Ein riesiger Markt für einfallsreiche Anbieterinnen und Anbieter.

Du könntest z. B. Hunde regelmäßig ausführen und mit ihnen spielen, einzeln oder in Gruppen. Manche Menschen lieben zwar ihre Tiere, haben aber nicht genug Zeit für sie - auch nicht, um sie zu waschen und zu pflegen. Geduld, Fachwissen, Geschick und echte Tierliebe sind dafür jedoch notwendig. So kannst du bald ein wachsendes Unternehmen besitzen.

▶ **Schmuckherstellung**
Die Herstellung und der Verkauf von selbst hergestelltem Schmuck können sowohl Spaß machen als auch Gewinn einbringen und zusätzlich dein kreatives Talent entwickeln.

▶ **Übersetzungsdienst**
Bist du zweisprachig? Übersetze Werbungen, Flugzettel, Schilder usw. für örtliche Geschäftsinhaber, die neue Kunden erreichen wollen, die andere Sprachen sprechen.

▶ **Website Design**
Wenn du Computerspezialist bist und dich im Umgang mit dem Internet sicher fühlst, hilf anderen, ihre „Homepage" im World Wide Web zu entwerfen und professionell zu pflegen.

▶ **Malerarbeiten/Ausbessern von Möbeln**
Streichst du gerne? Male Zimmer und Wohnungen aus, erneuere den Anstrich auf alten Möbeln bzw. bessere diesen aus.

▶ **Design und Handarbeiten verschiedener Art**
Entwirfst du gerne schöne Dekorationen oder besondere Gebrauchsgegenstände? Machst du gerne Handarbeiten, z. B. aus Leder oder Stoffen? Verkaufe doch deine eigenen Arbeiten und, gegen prozentuale Beteiligung, auch die deiner Freundinnen und Freunde (wenn diese selbst nichts mit dem Verkauf zu tun haben wollen).

▶ **T-Shirts**
Bist du künstlerisch begabt? Macht es dir Spaß, zu zeichnen, zu malen und zu entwerfen? Designe und gestalte eine eigene Linie kundenorientierter T-Shirts. Für gut designte und hergestellte T-Shirts, die aus der Masse herausragen und positiv ausfallen, gibt es immer Bedarf. Du könntest z. B. auch T-Shirts für Sportvereine in deiner Umgebung anbieten.

▶ **Betreuung von Pflanzen**
Büros bestellen gelegentlich einen Dienst, der ein- oder zweimal pro Woche vorbeikommt, um Pflanzen zu gießen, zu säubern und zu düngen. Da immer mehr Leute außer Haus arbeiten, gibt

Von Milosz: Blumenkissen aus Beton

Ole designt besondere T-Shirts mit einer Tasche

es auch einen größeren Bedarf für die Betreuung von Topfpflanzen in Privathaushalten. Das gilt ganz besonders in den Ferien. Da werden zuverlässige Leute gebraucht.

▶ **Stadtteil- oder Naturführungen**
Kennst du dich in deiner Stadt oder der Natur besser aus als viele deiner Mitmenschen? NFTE Schüler haben z. B. in Berlin mit Führungen durch ihren Stadtteil, bei denen sie die Geschichte und wichtige historische Ereignisse vorstellen, erfolgreich ein kleines Unternehmen gegründet. Oder du organisierst Naturführungen, bei denen die Jahreszeiten oder besondere Tiere und Pflanzen erklärt werden.

▶ **Kulinarisches**
Selbst gemachte Pralinen, originelle Marmeladen, leckere, besondere Getränke und andere gute Sachen zum Essen und Trinken sind gefragt. Sie können dir zufriedene Kundinnen und Kunden einbringen.

In der Zwischenzeit wirst du wahrscheinlich einige Unternehmensideen haben, kannst dich aber vielleicht noch nicht entscheiden, welche die beste wäre. Schreib mehrere Möglichkeiten auf und dann streiche eine nach der anderen weg, bis die Unternehmung übrig bleibt, die dir am besten gefällt.

DER BIZTIPP

Wenn du eine Beschäftigung wählst, dann such dir nur etwas aus, was du gerne tust!
DO WHAT YOU LOVE, LOVE WHAT YOU DO!

Edle Pralinen von Ben und Waldmeister
Eistee von Steve

Entrepreneure und ihre Idee

Foto: Christian Kaufmann

Von der Schulabbrecherin zur Starköchin und erfolgreichen Unternehmerin: die Geschichte vom wilden und spannenden Leben der Sarah Wiener!

Als Schülerin war Sarah, so sagt sie selbst, „ein ständiger Albtraum für ihre Eltern und Lehrer." Und danach ging ihr noch jahrelang alles schief.

Wie sie es trotzdem geschafft hat, aus eigener Kraft das Ruder noch völlig herumzureißen? Sie hat es uns erzählt.

Ihre Lebensgeschichte hat schon vielen NFTE Schülerinnen und Schülern Mut gemacht. Macht euch selbst ein Bild!

GO WEB
www.nfte.de/buch/kap6

Aufgaben

1 / ★ - BASIC
Lies das ganze ausführliche Portrait. Es ist lang, aber überhaupt nicht langweilig!

2 / ★ - BASIC
Sprecht im Kurs darüber, welche Eigenschaften euch an Sarah Wiener besonders auffallen. (Ihr könnt dazu eine Moderatorin/Moderator wählen!)

3 / ★ - BASIC
Was ist bei ihr schief gegangen? Und wann kam der Wendepunkt?

4 / ★★ - GO ON
Wie hat sie es geschafft, sich durchzubeißen und großen Erfolg zu haben?

5 / ★★ - GO ON
Schreibt auf, warum ihr Beispiel ermutigen kann!

Ein guter Name für dein Unternehmen

Der Name deines Unternehmens muss gut und überzeugend sein. Er wird vor allem für deine Kundinnen und Kunden (aber auch für mögliche Geldgeber oder Berater) sofort oder in kurzer Zeit den Charakter deines Unternehmens verkörpern.

Er ist also ganz besonders wichtig für deinen späteren Erfolg!

Wie findet man den richtigen Namen? Diese Frage bewegt alle Entrepreneure, auch solche, die schon sehr erfolgreiche Unternehmen haben. Denn bei jedem neuen Produkt, bei jeder Dienstleistung muss der Name „stimmen", damit das Produkt auf dem Markt eine gute Chance hat.

Du sollst dir jetzt schon einmal Gedanken machen, wie dein Unternehmen heißen könnte. Aber glaub nicht, dass du nun gleich schon den einzig richtigen Namen finden musst! So wie du deine Geschäftsidee bis zum fertigen Businessplan ständig weiterentwickeln und verbessern solltest, so kann sich auch der beste Name für dein Produkt/deine Dienstleistung erst im Laufe der Arbeit ergeben.

Ideen sammeln und Namen ausprobieren ist auf jeden Fall gut!

Das Patentrezept, das für alle Namen für Geschäftsideen passt, gibt es leider nicht. Aber:

▶ Der Name sollte unverwechselbar sein.

▶ Er sollte gut klingen und sich leicht einprägen.

▶ Er muss zum Produkt/der Dienstleistung passen.

▶ Und er muss vor allem die möglichen Kunden neugierig machen und ihr Interesse wecken!

Das kannst du auf ganz unterschiedliche Weise erreichen.

Killer Gum heißen Lauras Kaugummis, die Gerüche vernichten.

Besonders einfach und für die Kunden leicht zu merken sind Namen, die klar sagen, um was für ein Produkt (Dienstleistung) es sich handelt:

z. B. „Pizzafix", „Neles Nagelstudio", „Suppenbörse", „Adrians Angelshop", „Haarsalon Elyas" oder „Coffeemom". Hier verrät der Name das Produkt und auch manchmal gleich noch den Vornamen des Unternehmers/der Unternehmerin. So etwas könntest du dir auch überlegen! Wenn du einen gut klingenden Vornamen hast, kannst du ihn bei deinem Geschäftsnamen (mit)verwenden.

Ist es gut, den eigenen Nachnamen zu verwenden?

Dazu gibt es verschiedene Meinungen. Manche Unternehmerinnen und Unternehmer werben z. B. im Fernsehen mit Erfolg mit ihrer Person und ihrem „guten Namen". Sicher kennt ihr solche Beispiele, über die ihr im Kurs diskutieren könnt. Ein Nachteil für Gründerinnen und Gründer ist allerdings, dass – falls das Unternehmen nicht gleich erfolgreich ist – der eigene Nachname gleich mit einem Misserfolg verbunden ist. Für „Anfänger" als Unternehmensgründer ist es also wichtig, genau zu überlegen, ob man wirklich den eigenen Nachnamen im Firmennamen verwenden will. Vornamen sind da weniger risikoreich, denn die gibt es viel öfter!

Erfundene Namen, die keine Bedeutung haben, können sehr wirkungsvoll sein, wenn sie gut klingen und sich schnell einprägen. Viele sehr erfolgreiche Produkte tragen solche frei ausgedachten Phantasienamen. Manchmal werden Namen auch aus Anfangsbuchstaben der Namen ihrer Gründerinnen oder Gründer zusammengesetzt.

Leute, die für neue Produkte tolle Namen erfinden, die es noch nirgends gibt, können mit ihrem Einfallsreichtum viel Geld verdienen. Beschäftige dich jetzt beispielhaft mit Firmennamen, die du kennst, die aber keine erkennbare Bedeutung haben. Das macht Spaß.

AUFGABEN

1 / ★ - BASIC

Die Möbelfima IKEA wurde 1943 von einem 17-jährigen Schweden gegründet. Recherchiere im Web, wie der junge Gründer auf den Namen gekommen ist.

2 / ★ - BASIC

Der Phantasiename des Unternehmens „GOOGLE" hat eine lustige Entstehungsgeschichte, die mit der Zahl 1.000.000.000.000.000.000.000.000.000.000.000.000.000.000.000.000.000.000.000.000.000.000.000.000.000.000.000.000.000.000.0 zusammenhängt. Recherchiere im Web, wie die Gründer auf den Namen kamen.

3 / ★★ - GO ON

Findet in Partnerarbeit mindestens 5 Namen bekannter Produkte, bei denen ein Tiername gewählt wurde. (Tipp: Bei Autos, Lebensmitteln oder im Bereich Sport werdet ihr fündig.) Diskutiert im Kurs darüber, ob die jeweiligen Tiere zum Charakter des Produkts passen.

4 / ★★★ - WOW

Erfinde einen richtig guten Namen für ein neues Erfrischungsgetränk, schreib ihn auf und stell ihn im Kurs vor!!

GO WEB

Wie findest du den besten Namen für deine Geschäftsidee?

Dafür bekommst du eine besonders bewährte und wirkungsvolle Empfehlung: Verwende zunächst einen vorläufigen Namen für deine Geschäftsidee – und zwar genau so lange, bis dir ein noch viel besserer einfällt! Wenn am Ende des NFTE Kurses dein Businessplan fertig ist, muss dein Name klar sein: Und er sollte richtig gut sein!

DER BIZTIPP

- Schreib möglichst viele verschiedene Namensideen für dein Produkt/deine Dienstleistung auf.
- Streich die, die dir am wenigsten gefallen und lass nur die 5 besten stehen!
- Zeig sie nun verschiedenen Freunden, Bekannten, deiner Familie und möglichen Kunden, am besten jungen und alten, männlichen und weiblichen.
- Lass sie nur die 3 Namensvorschläge mit Strichen versehen, die ihnen am besten gefallen.
- Zähl zum Schluss zusammen, welcher deiner Vorschläge die meiste Zustimmung bekommen hat. **Merk ihn dir !!!**

Gute Namen, von NFTE Schülerinnen und Schülern erfunden:

EnergySquad
(Energie spendende Riegel)

Osna.live
(Digitales Stadtmagazin für Osnabrück)

Ant Away Decke
(Anti-Ameisen-Picknickdecke)

Fantasia
(Kinderfantasien auf Leinwand)

Nifty Sportswear
(Raffinierte Hiphop-Sportmode)

Ideen vorstellen und gemeinsam weiterentwickeln

Eure ersten Geschäftsideen werden nacheinander in der Klasse zur Diskussion gestellt. Ihr präsentiert die Produkte/Dienstleistungen, für die ihr euch entschieden habt und gebt euch gegenseitig gute Tipps zur Weiterentwicklung der Ideen!

DER BIZTIPP

Konstruktive Kritik ist wie ein Geschenk. Denn die Geschäftsidee kommt dadurch ein Stück voran. Wer Kritik positiv aufnehmen kann und dadurch dazulernt, hat gute Chancen, später eine Gewinnerin oder ein Gewinner zu sein!

Elisa präsentiert ihre Geschäftsidee

Hier ein paar wichtige Regeln für die Präsentation eurer Ideen:

▶ Alle Ideen werden positiv aufgenommen (Beifall!!), keine Idee wird niedergemacht, auch dann nicht, wenn sie euch zu verrückt, zu schwierig oder zu einfach vorkommt. Niemand soll gleich wieder die Lust an der eigenen Geschäftsidee verlieren!

▶ Jedem gehört die eigene Idee. Sie ist sein „geistiges Eigentum". Niemand anderes, der sie jetzt zum ersten Mal hört, darf sie einfach „klauen", also übernehmen und benutzen. Die Idee gehört immer nur der Erfinderin/dem Erfinder!

▶ Wenn eine Geschäftsidee erklärt worden ist, stellen die anderen Fragen dazu, damit sie sie genau verstehen. Dann geben sie ihre eigenen Gedanken dazu. Das ist gut für dich, denn dadurch wird deine Idee immer besser – und genauso hilfst du dann auch den anderen.

▶ Und wenn es Kritik an deiner Idee gibt? Sei auf keinen Fall eingeschnappt oder beleidigt. Hör dir die Kritik gut an, versuch sie zu verstehen. Sieh sie als Hilfe für dich an! Denn jede/r macht mal Fehler und kann noch etwas besser machen!

ZUSAMMENFASSUNG UND AUFGABEN

I. Wähle ein einfaches Unternehmen aus und befolge drei Regeln:

A. Stell die Bedürfnisse deiner Kunden zufrieden.
B. Sei sparsam und baue Vermögen auf.
C. Führe exakte Aufzeichnungen.

II. Viele junge Menschen haben ihre Interessen erfolgreich in einem Geschäft umgesetzt.

A. Lass dich durch deine eigenen Interessen/Hobbys zu einer Geschäftsidee inspirieren.
B. Überleg dir, was Leute, die du kennst, wünschen oder brauchen und wie du ihre Probleme löst.
C. Entwickle deinen Wettbewerbsvorteil: Wie kannst du besser sein als deine Konkurrenz?

III. Für den Erfolg deines kleinen Unternehmens ist ein guter, einprägsamer Name sehr wichtig.

A. Der Name soll zu deiner Geschäftsidee passen, Interesse wecken und neugierig machen.
B. Frei erfundene Namen können wirkungsvoll sein. Auch dein eigener Name könnte zur Namensgebung beitragen.
C. Denk dir einen vorläufigen Namen für deine Geschäftsidee aus! Wenn dir ein besserer einfällt, ersetze den vorläufigen.

AUFGABEN

1 / ★ - BASIC

Beschreibe deine Geschäftsidee und erkläre, wie du auf sie gekommen bist. Warum glaubst du, dass dein Geschäft zu dir passt und ein Erfolg werden könnte? Ist dir schon ein guter erster Name eingefallen? Halte ihn fest.

2 / ★★ - GO ON

Schreibe einen kleinen Text (ca. eine halbe Seite) zum Thema Geschäftsideen, in dem du die folgenden Wörter richtig anwendest: **Produkt – Dienstleistung – Wettbewerbsvorteil – Vision**

3 / ★★★ - WOW

Kennst du ein neueres Unternehmen mit einem tollen Namen? Stell es in einem kleinen Text (ca. 1 Seite) vor und begründe, warum dir der Name besonders gefällt.

Ein toller Name für die cleveren Lampen von Till

Marketing – Wie du deine Zielgruppe identifizierst und eine Marketingplanung machst

Kapitel 7

Lernziele

Wenn du dieses Kapitel gelesen und die Übungen ausgeführt hast, kannst du:

- ☑ einen Sinn für Marketing entwickeln,
- ☑ die „vier P's" einer Marketingplanung erklären,
- ☑ Marktforschung für deine Idee betreiben,
- ☑ deine Zielgruppe besser verstehen und beschreiben,
- ☑ eine erste Marketingplanung für deine Geschäftsidee entwerfen.

"Das beste Marketing fühlt sich nicht so an wie Marketing."

Tom Fishburne,
Gründer, Marketing-Experte und Cartoonist

Was heißt eigentlich Marketing?

Den Begriff Marketing hast du mit Sicherheit schon einmal gehört. Bei Marketing denkt man oft zuerst an Werbung. Jeden Tag sehen wir unzählige Werbeanzeigen im Internet und in den sozialen Netzwerken, aber auch im Fernsehen und in Zeitschriften oder in Zeitungen. Uns begegnen die Werbeplakate in den Straßen, wir hören Werbebotschaften im Radio oder wir sehen die Werbebanden in Sportstadien. Denk einmal darüber nach, wie viele Werbeanzeigen du heute schon gesehen hast, bevor die Schule begonnen hat!

Marketing ist aber mehr als nur Werbung.

Eigentlich fängt Marketing viel früher an: Bevor ein Unternehmen eine Werbeanzeige auf Plakatwänden oder anderswo sichtbar platziert, muss es erst einmal wissen, welches **Produkt** oder welche Dienstleistung es seinen Kundinnen und Kunden anbieten möchte. Dabei wird das Unternehmen auch festlegen müssen, welchen **Preis** es für seine Produkte von den Kunden verlangt.

Und wenn es das weiß, muss entschieden werden, über welchen **Vertriebsweg** die Produkte verkauft werden sollen (zum Beispiel in einem Ladengeschäft, auf einem Markt oder online im Internet). Und schließlich muss sich das Unternehmen überlegen, wie es sich und seine Angebote den Kunden kommuniziert, also ihnen bekannt macht. Zur **Kommunikation** mit den Kunden gehört dann auch die Werbung.

Es gibt aber auch noch andere Möglichkeiten, mit den Kunden Kontakt aufzunehmen, worauf wir in den folgenden Abschnitten und in Kapitel 9 noch eingehen werden.

Wenn sich ein Unternehmen mit diesen Fragen auseinandersetzt, entwickelt es eine Marketingplanung. Eine vollständige **Marketingplanung** umfasst grundsätzlich diese vier Bereiche:

▶ **Produkt (oder Dienstleistung)**
▶ **Preis**
▶ **Vertrieb**
▶ **Kommunikation**

Diese vier Bereiche des Marketingplans nennt man im Marketing häufig auch die „vier P's". Das kommt daher, weil diese vier Bereiche im Englischen mit Product, Price, Place und Promotion bezeichnet werden. Da alle Begriffe mit dem Buchstaben P beginnen, wird das oft als die „vier P's" abgekürzt.

Die Entscheidungen, die du zu deiner Marketingplanung in den vier Bereichen triffst, sollten ebenfalls gut durchdacht sein, damit du mit deiner Geschäftsidee erfolgreich sein kannst. Das gelingt nur, wenn du kundenorientiert denkst. Das bedeutet, dass du dich ausführlich damit beschäftigst, wer deine Kundinnen und Kunden sind und was diese möchten.

Wie du deine Zielgruppe festlegst

Ein häufiger Fehler von Unternehmensgründern ist, dass sie ihre Zielgruppe nicht genau genug eingrenzen. Sie denken, dass sie möglichst viele Kundinnen und Kunden ansprechen sollten, um möglichst viel Umsatz zu machen. Deshalb wollen sie etwas anbieten, was möglichst vielen oder sogar „allen" gefällt. Man kann es aber schwer allen recht machen und deshalb sollte man sich auf eine bestimmte Zielgruppe konzentrieren. Entscheide auch ganz bewusst, wen du n i c h t ansprechen willst. Im Marketing gilt der Grundsatz „Alle ist der größte Niemand". Denn die Zielgruppe mit „alle" zu definieren, bedeutet eigentlich, niemanden anzusprechen. Hab also keine Sorge, wenn deine Zielgruppe klein und ganz speziell ist. Vieles fällt sogar leichter, wenn du dich darauf einlässt, dich an eine ganz bestimmte Zielgruppe zu richten.

Die Schülerinnen Kristine aus Niedersachsen und Ashley aus Hamburg haben sich z. B. sehr spezielle Zielgruppen für ihre Geschäftsideen ausgesucht.

Kristine ist selbst Legasthenikerin (Lese- und Rechtschreibschwäche) und entwickelte aufgrund ihrer eigenen positiven Erfahrung ein Theaterangebot, das Legasthenikern mehr Selbstvertrauen geben kann.

Das Beispiel von Ashley zeigt sehr gut, dass die erste Kundinnen für ihre Hip-Hop/Streetdance-Hosen an ihrer eigenen Tanzschule zu finden waren. Die Nachfrage war dort schon so groß, dass sie kaum mit der Produktion nachkommen konnte!

Ashley und Entwurf der Streetdance-Hose

▶ In dem Video "Unternehmerinnen von morgen" erfahrt ihr mehr von beiden Schülerinnen.

GO WEB
www.nfte.de/buch/kap7

> "Alle ist der größte Niemand."
>
> Mario Pricken in seinem Buch „Kribbeln im Kopf"

Finde heraus, wer deine Kunden sind!

Bei deinen Überlegungen zu deiner Zielgruppe ist es manchmal wichtig, „Käufer" und „Nutzer" zu unterscheiden.

Ernest Dichter, ein amerikanischer Sozialforscher und Marketing-Experte, sagte einmal: „Wenn ich Hundefutter verkaufen will, muss ich erst einmal die Rolle des Hundes übernehmen, denn nur der Hund allein weiß ganz genau, was Hunde wollen."

Damit verweist er zu recht darauf, wie wichtig es im Marketing ist, absolut kundenorientiert zu sein. Der Kunde ist aber immer derjenige, der zahlt, also das „Frauchen" oder „Herrchen" und nicht der Hund. Dem Hund muss das Futter natürlich schmecken! Ganz ähnlich ist das bei Babynahrung, Kinderspielzeug oder Nachhilfestunden. Überlege, wer dort der (zahlende) Kunde ist und wer der Nutzer oder der Verbraucher.

Konkurrenz gibt es immer!

Man übersieht leicht, mit welchen Wettbewerbern man sich beschäftigen muss. Viele Gründerinnen und Gründer meinen, ihre Idee sei so einzigartig, dass sie keine Konkurrenz hätten. Aber aufgepasst: Konkurrenz gibt es eigentlich immer! Es existiert immer eine sogenannte „alternative Problemlösung".

Ein Kunde, der in einem Baumarkt geht, um einen Bohrer zu kaufen, braucht nicht unbedingt einen Bohrer. Er sucht nach einer Möglichkeit, zuhause zum Beispiel ein Bild mit einem Dübel an der Wand zu befestigen. Er könnte sich stattdessen aber auch etwas Anderes überlegen, um das Problem zu lösen: Er könnte auch Nägel und einen Hammer kaufen. Es gibt heute sogar schon Klebestreifen mit denen man ein Bild an der Wand anbringen kann. Oder er lässt das von einem Handwerker erledigen.

Magazinspiel

Der Zielgruppe auf der Spur

Am Anfang fällt es oft nicht leicht, die Zielgruppe bzw. die Kunden genauer zu beschreiben und sich in sie hineinzuversetzen. Das Magazinspiel hat dir sicher schon dabei geholfen.

**Ein weiterer Lösungsansatz, der auch von vielen Marketingexperten angewendet wird ist: Sie überlegen sich, wer der „typische Zielgruppenvertreter" ist. Damit ist gemeint, dass sie sich eine Person ganz genau vorstellen, an die sich das Angebot richtet.
So gehst du dabei vor:**

▶ **Schritt 1:** Überlege dir, wer deine Kundin oder dein Kunde ist, an den sich dein Angebot richtet. Vielleicht hast du bei deiner Geschäftsidee schon jemanden im Kopf, für den du dir die Idee eigentlich ausgedacht hast. Oder du kannst dir vorstellen, wer von deiner Idee und deinem Angebot wirklich begeistert sein könnte.

▶ **Schritt 2:** Beschreibe diese eine Person möglichst genau. Das kann jemand sein, den du gut kennst. Oder du stellst dir deinen perfekten Kunden einmal bildlich vor. Gib der Person einen Namen. Wie sieht sie aus? Ist es eine Frau oder ein Mann? Wie alt ist die Person? In welcher Straße in welchem Bezirk wohnt sie? Wohnt sie allein oder zusammen mit der Familie? Was macht sie beruflich? Diese allgemeinen Angaben nennt man auch **„demografische Daten"**.

▶ **Schritt 3:** Der dritte Schritt ist besonders wichtig, denn damit lernst du sie noch genauer kennen: Was macht sie z. B. in ihrer Freizeit? Wofür interessiert sie sich? Worauf achtet sie, wenn sie einkaufen geht? Warum könnte sie deine Idee besonders spannend finden? Je detaillierter du versuchst, ihre Interessen zu beschreiben, desto genauer versetzt du dich in sie hinein.

▶ **Schritt 4:** Versuche, deinen typischen Zielgruppenvertreter auf einem Bogen Papier darzustellen: Du kannst die Person zeichnen oder ein Foto einer Person zeigen, die deinen Zielkunden am besten darstellt. Stelle deine Notizen in der Gruppe vor. Vielleicht haben die anderen Fragen oder Anregungen, auf die du eingehen kannst.

Wenn du die Übung gemacht und dich mit deinem typischen Zielgruppenvertreter oder deiner typischen Zielgruppenvertreterin beschäftigt hast, kannst du deine Zielkunden viel besser beschreiben. Und du kannst leichter verstehen, dass du zum Beispiel nicht alle „jungen, sportlichen Frauen" in Deutschland ansprichst, sondern ganz spezifische Kundinnen und Kunden, die du vielleicht sogar schon kennst!

Ideen für die Marktforschung

▶ Am wichtigsten ist es, mit deinen potenziellen Kunden zu sprechen! So kannst du am besten erfahren, was sie sich wünschen und was sie vom Kauf deines Produktes oder deiner Dienstleistung besonders überzeugen könnte. Erkläre einigen Personen, von denen du glaubst, dass sie deine

"Der Wurm muss dem Fisch schmecken, nicht dem Angler."

Häufig gebrauchtes Zitat in der Geschäftswelt.

Kunden sein könnten, was du vorhast. Frage sie, ob ihnen das gefällt und was du vielleicht noch verbessern kannst.

▶ Informiere dich, was die Kunden bisher gekauft oder getan haben, um ihre Probleme zu lösen und sich ihre Wünsche zu erfüllen. So findest du heraus, wer deine Wettbewerber sind, die um dieselben Kunden werben wie du. Frage deine Zielkunden auch, was sie dazu bringen könnte, dein Angebot zu bevorzugen. So kommst du darauf, was dein Wettbewerbsvorteil sein kann.

▶ Schau dir deine Wettbewerber an, die etwas Ähnliches wie du anbieten. Dazu kannst du dich im Internet umschauen oder auf Märkten. Dadurch kannst du viel lernen! Du kannst zum Beispiel herausfinden, wie sie die Kunden auf sich aufmerksam machen, wo sie ihr Produkt vertreiben und welchen Preis sie für es verlangen.

Deine Marketingplanung

Nachdem du die „4 P's" des Marketings kennengelernt hast, kannst du schrittweise eine Marketingplanung für deine eigene Geschäftsidee entwickeln. Dabei wirst du viele Ideen haben. Einige davon wirst du später umsetzen, andere vielleicht nicht, weil du auf noch bessere Lösungen kommst.

Deine erste Marketingplanung wird sich mit der Zeit verändern und immer besser werden, denn du lernst deine Kundinnen und Kunden immer besser kennen. Je mehr du dich mit deinen Kunden und den „4 P's" beschäftigst, desto überzeugender und erfolgreicher wird deine Marketingplanung sein.

Das Produkt (oder die Dienstleistung)

Das Produkt, das du ihnen anbietest, oder deine Dienstleistung sollen ein konkretes Kundenproblem lösen oder ein Bedürfnis befriedigen. Wenn du weißt, was sich deine Kundinnen und Kunden wünschen, beschreibe dein Produkt genau und mache deutlich, weshalb es eine bessere Lösung für sie ist als die der Konkurrenz.

In den meisten Fällen haben deine Kunden die Wahl, ob sie sich für dein Angebot entscheiden oder für ein Angebot eines Wettbewerbers. Dein Angebot muss etwas haben, was sie besonders gut finden. Dieser Vorteil, den dein Produkt aus ihrer Sicht gegenüber anderen Angeboten hat, ist dein **Wettbewerbsvorteil**. Es ist der Grund, weshalb sie sich für d e i n Produkt oder d e i n e Dienstleistung entscheiden.

WIE KANN ICH MEINE KUNDEN ÜBERZEUGEN?

Wenn du mit deinen Kunden über deine Idee sprichst, wirst du viel darüber lernen, was dein Wettbewerbsvorteil sein kann. Hilft deine Idee den Kunden zum Beispiel Zeit oder Mühe zu sparen, ist sie besonders kreativ oder den Kundenwünschen angepasst, oder kannst du sie überzeugen, dass du eine Dienstleistung besonders zuverlässig machst, wenn ihnen Zuverlässigkeit besonders wichtig ist? Oder unterstützt du durch die Verkaufserlöse ein soziales Projekt? Versuche, deinen besonderen Wettbewerbsvorteil herauszufinden!

> "Bleiben Sie dran, die besten Ideen kommen noch!"
>
> Mario Pricken in seinem Buch „Kribbeln im Kopf"

Der Preis

Den Preis für dein Produkt oder deine Dienstleistung solltest du so hoch festlegen, dass deine Kunden ihn für angemessen halten. Zu niedrig sollte er nicht sein: Mit dem Preis müssen mindestens deine Kosten gedeckt werden (die Kostenrechnung wird in Kapitel 11 erklärt). Einen zu niedrigen Preis könnten deine Kunden auch als „zu billig" empfinden und deshalb an der Qualität deiner Leistung zweifeln. Zu hohe Preise sind auch nicht gut, weil die Kunden das Produkt dann vielleicht für „zu teuer" halten.

Der Vertrieb

Vertrieb bedeutet, das du dir überlegst, wo genau deine Kunden das Produkt kaufen oder bestellen können. Am besten ist es, wenn du es dort zum Kauf anbietest, wo sich die Kunden aufhalten oder das Produkt normalerweise suchen und einkaufen. Manchmal muss man darüber nachdenken, wie die Kunden das Produkt zu einem späteren Zeitpunkt geliefert bekommen. Häufig fallen Kauf und Lieferung zusammen. Kauft man sich im Supermarkt ein Produkt, bezahlt man an der Kasse und nimmt es gleich mit.

Bei einer Online-Bestellung kauft man etwas per Mausklick, geliefert wird es dann aber später persönlich oder per Versand. Sollte das bei deiner Idee so sein, mach dir Gedanken über beide Schritte: Wie können die Kunden bei dir bestellen und wie bekommen sie die Leistung ausgeliefert?

Am Anfang kann man die ersten Kundinnen und Kunden oft einfach persönlich ansprechen. Wenn du etwas in direktem Kontakt verkaufst und du dich mit ihnen unterhalten kannst, ist das besonders wertvoll, weil du dabei viel über deine Kunden lernen und Hinweise zur Verbesserung deiner Idee bekommen kannst. Später, wenn du die ersten Kunden gewinnen konntest und dann planst, mehr zu verkaufen, können deine Vertriebskanäle schrittweise ausgebaut werden.

Beispiele für Vertriebskanäle sind:

▶ ein Verkaufsstand auf einem Straßenmarkt, auf kleineren regionalen Verkaufsmessen oder saisonal im Winter zum Beispiel auf einem Weihnachtsmarkt

▶ eine direkte Ansprache der Kunden zum Beispiel auf Gemeinde-, Schul- oder Vereinsveranstaltungen

▶ ein Aushang an einem Schwarzen Brett (je nachdem, wo man die potenziellen Kunden erreichen kann) mit deinen Kontaktdaten

▶ ein Online-Vertrieb über eine eigene Website oder über Handelsplattformen wie eBay, etsy oder dawanda

▶ der Verkauf über andere Ladengeschäfte auf Kommission (d.h. durch Leute, die für dich verkaufen und denen du dafür nach dem Verkauf etwas von dem erzielten Verkaufspreis abgibst)

Die Kommunikation

Kommunikation bedeutet, dass du darüber nachdenkst, wie du dein Angebot bei den Zielkunden bekannt und interessant machst. Es stehen also zwei Dinge im Mittelpunkt: die Bekanntheit und der Wettbewerbsvorteil deines Angebots.

Wenn deinen Kunden dein Angebot nicht bekannt ist, sie also nicht wissen, was du ihnen anbietest, können sie auch nichts von dir kaufen. Deshalb musst du dir überlegen, wie du sie gezielt auf dich aufmerksam machen kannst. Je genauer du weißt, wen du ansprechen möchtest, desto leichter wirst du auf Ideen kommen, wo und wie du sie zielgerichtet erreichst.

Bekanntheit allein wird aber nicht ausreichen. Deine Kunden müssen deine Geschäftsidee und dein Angebot verstehen und interessant finden. Dein Wettbewerbsvorteil sollte in deiner Kommunikation im Mittelpunkt stehen. In Kap. 9 wirst du mehr Tricks der Kommunikation und Werbung kennen lernen.

Kommunikation mit Kunden: Ole

▶ Video-Prototyping

Das Video-Prototyping ist eine sehr hilfreiche Methode, um sich darüber klarer zu werden, welche Kundinnen und Kunden du mit welchem Angebot ansprechen möchtest.

Es hilft dir, deine Zielgruppe genauer einzugrenzen. Du benutzt dazu ein Smartphone und stellst ein Video her.

Es erklärt wie ein kurzer Comic-Clip deine Geschäftsidee einfach und verständlich. Wichtig ist, dass das Video nicht länger als eine Minute dauern darf. Du musst dich deshalb auf das Wichtigste konzentrieren!

Du brauchst eine freie Fläche, zum Beispiel auf einem leer geräumten Tisch, Papier und einige dicke Filzstifte, eine Schere und ganz wichtig: eine Kamera! Die Kamera eines Smartphones ist dafür bestens geeignet.

Das Papier und die Stifte brauchst du, um damit deinen typischen Kunden und alle Requisiten herzustellen, mit denen du gleich deine Idee darstellen möchtest. Male einfach deinen Kunden auf Papier auf und schneide die Figur dann aus.

Wenn du bestimmte Gegenstände oder Requisiten brauchst, um die Geschäftsidee anschaulich zu machen/sie zu visualisieren, kannst du sie ebenfalls schnell herstellen. Eine einfache Darstellung mit dicken Stiften wie eine Comiczeichnung reicht vollkommen. Damit du weißt, welche Geschichte du erzählen möchtest, benötigst du ein Drehbuch.

Das Drehbuch in fünf Schritten:

▶ Schritt 1: Stelle eine typischen Kundin von dir vor

▶ Schritt 2: Schildere das Problem oder den Wunsch deiner Kundin

▶ Schritt 3: Präsentiere deine Lösung (dein Produkt oder deine Dienstleistung)

▶ Schritt 4: Zeige die zufriedene Reaktion der Kundin und sage, was sie an der Lösung besonders schätzt

▶ Schritt 5: Beende das Video mit dem Namen deines Produktes und deinem Slogan.

Mit dem Drehbuch und den vorbereiteten Materialien aus Papier beginnt der Videodreh: Die Tischfläche ist die Bühne. Die Kamera wird in einem geeigneten Abstand senkrecht darüber gehalten (suche dir jemanden, der die Kamera bedient) und sobald die Aufnahme startet, beginnst du, mit Hilfe der vorbereiteten Figuren und Materialien die vorher durchdachte Geschichte „live" zu erzählen.

Achte darauf, dass es ruhig ist, damit deine Stimme später auf dem Video gut zu hören ist. Wahrscheinlich sind mehrere Versuche nötig, bis alles klappt. Die Ergebnisse könnt ihr dann in der Gruppe vorstellen und diskutieren. Stellt euch gegenseitig Fragen und gebt euch Tipps, was vielleicht noch verbessert werden kann.

Kapitel 7

Bei jedem Pitch wirst du besser!

Lea, Tim, Johanna und Ömer beim Pitchen.

Elevator-Pitch

Der Elevator Pitch ist eine weitere Methode, um deine Geschäftsidee besser „auf den Punkt" zu bringen. Elevator bedeutet Fahrstuhl, und einen „Pitch" nennt man einen ganz kurzen Auftritt, bei dem jemand seine Idee präzise und spannend beschreibt. Ein Elevator Pitch ist ein „Verkaufsgespräch im Fahrstuhl" mit einem gut eingeübten Text, der Neugier weckt.

Vielleicht kennst du das Pitchen schon aus Sendungen wie "Die Höhle der Löwen", in der Gründerinnen und Gründer versuchen, Investoren von sich und ihrer Idee zu überzeugen.

Stell dir vor, du triffst in einem Fahrstuhl zufällig den Investor deiner Träume oder deine Traumkundin! Jetzt kommt es darauf an: Nutze deine Chance! Du hast nicht mehr Zeit als ungefähr eine Minute – ungefähr so lange wie ein Fahrstuhl vom Erdgeschoss bis zum obersten Stock eines Hochhauses braucht.

Dein Ziel: Du möchtest einen Termin bekommen, um deine Geschäftsidee vorstellen zu können. Deshalb bringst du in kürzester Zeit auf den Punkt, worin deine Leistung und der Nutzen für deine Ansprechpartner besteht – warum er oder sie in deine Idee investieren oder dein Produkt kaufen soll.

Wenn es dir gelingt, dein Gegenüber zu überraschen und zu begeistern, hast du gewonnen. Dann bekommst du sicher eine Chance, um deine Idee ausführlicher vorzustellen.

Im NFTE Unterricht werdet ihr das Pitchen lernen und üben! Je öfter du deinen Pitch probst, desto besser wird er. Deine Lehrerin oder dein Lehrer wird dir dazu noch viele gute Tipps geben.

Wer gut pitchen und sich kurz und knapp ausdrücken kann, hat viele Vorteile bei Bewerbungen und im Beruf!

Im Aufzug: Der NFTE Lehrer als Investor

ZUSAMMENFASSUNG UND AUFGABEN

I. Marketing ist mehr als nur Werbung.

A. Marketing bedeutet, kundenorientiert zu sein. Ein Entrepreneur muss sich genau in seine Kunden hineinversetzen und ihre Wünsche verstehen.

B. Mit der Marktforschung findet man mehr über seine Zielgruppe, aber auch die Wettbewerber heraus. Der eigene Wettbewerbsvorteil kann so bestimmt werden.

II. Eine Marketingplanung richtet sich immer an eine bestimmte Zielgruppe.

A. Die Marketingplanung legt fest, wie die Zielgruppe gezielt angesprochen werden soll. Sie beschreibt das passende Produkt (bzw. Dienstleistung) und legt Preis, Vertrieb und Kommunikation dafür fest.

B. Das Angebot kann sich zu Beginn an eine kleine, z. B. lokale Zielgruppe richten und später weiter ausgebaut werden.

C. Erfolgreiche Entrepreneure denken immer darüber nach, wie sie Angebot und Marketingplanung verbessern können.

III. Video-Prototyping und Elevator Pitch sind besonders anschauliche und praktische Methoden, eine Idee auf den Punkt zu bringen.

AUFGABEN

1 / ★ - BASIC

Schau dir im Internet eine Folge der Sendereihe "Die Höhle der Löwen" an oder eine ähnliche Sendung, in der Entrepreneure ihre Ideen Investoren vorstellen und verfolge die Pitches.

▶ Welcher Pitch hat dich am meisten überzeugt und warum?

▶ Welchen Pitch fandest du besonders schlecht und warum?

▶ Antworte in deinem Praxisheft und diskutiere mit anderen über deine Eindrücke.

2 / ★ ★ ★ - WOW

Schreibe einen Text von mindestens einer Seite über ein Unternehmen, das dir aufgefallen ist, weil es eine sehr spezielle Zielgruppe anspricht und etwas ganz Besonderes anbietet. Welche Vorteile hat das Unternehmen dadurch, dass es nur diese "Nische" bedient?

Die Business Model Canvas – eine anschauliche Methode zur Arbeit an deinem Geschäftsmodell

Kapitel 8

Lernziele

Wenn du dieses Kapitel gelesen und die Übungen ausgeführt hast, hast du:

- ☑ mit der Business Model Canvas eine von erfolgreichen Entrepreneuren angewendete Methode kennengelernt,

- ☑ verstanden, wie du damit fortlaufend an deiner Geschäftsidee arbeiten kannst und dabei immer den Überblick behältst,

- ☑ deine Idee weiter entwickelt und mehrfach geübt, sie anderen übersichtlich zu erklären.

> "Die Business Modell Canvas-Methode hilft, die Geschäftsidee Schritt für Schritt zu einem tragfähigen Geschäftsmodell zu entwickeln."
>
> Prof. Dr. Holger Zumholz,
> Professor für Marketing in Berlin

Lerne eine neue Methode kennen

Eine leicht verständliche und sehr nützliche Methode, um an deiner Geschäftsidee zu arbeiten, ist die Business Model Canvas. Auf einem großen Bogen Papier aufgezeichnet hilft dir die Business Model Canvas, deine Gedanken zu deiner Geschäftsidee übersichtlich darzustellen, sie anderen zu erklären und sie schrittweise zu verfeinern.

Der Begriff „Business Model" kann im Deutschen mit „Geschäftsmodell" übersetzt werden. Mit dem „Geschäftsmodell" deiner Idee wird erklärt, wie du deine Idee so realisieren kannst, dass du deine Kunden mit deinem Angebot überzeugst und wie du damit Geld verdienen kannst. „Canvas" bedeutet „Leinwand". Damit ist gemeint, dass du das Geschäftsmodell als Plakat an die Wand hängen kannst, um daran zu arbeiten.

Die meisten erfolgreichen Entrepreneure arbeiten sehr intensiv daran, aus ihrer ersten Geschäftsidee Schritt für Schritt ein tragfähiges Geschäftsmodell zu entwickeln. Viele benutzen dazu die Business Model Canvas. In vielen Startups bleibt die ausgearbeitete Business Model Canvas auch nach der Gründung als großes Plakat an einer Wand hängen und die Gründer schauen immer wieder darauf, um ihre Idee und ihr Geschäftsmodell fortlaufend zu optimieren.

Man braucht nur wenige Materialien, um das Geschäftsmodell mit der Business Model Canvas darzustellen und schrittweise zu entwickeln: Es reichen ein großer Bogen Papier, eine ausreichende Menge selbstklebender Notizzettel und ein paar Stifte. Auf dem Bogen werden neun Felder gezeichnet. Diese neun Felder beschreiben die wesentlichen Bausteine, mit denen eine Geschäftsidee beschrieben werden kann. Wie das aufgeteilt und was in den einzelnen Feldern eingetragen wird, kannst du den Abbildungen auf den folgenden Seiten entnehmen.

Vorteile der Business Model Canvas:

▶ Mit den neun Feldern der Business Model Canvas hast du die wichtigsten Punkte, die du später auch in deinem Businessplan ansprechen wirst, immer parallel im Blick. So kannst du sehen, dass du nicht etwas Wichtiges vergisst. Du kannst die noch offenen Lücken in deinem Geschäftsmodell leicht erkennen und die Zusammenhänge werden klarer.

▶ **Dadurch, dass du deine Notizen auf den Post-its leicht durch neue ersetzen kannst, ist es viel leichter und schneller möglich, an deiner Geschäftsidee zu arbeiten. Durch das Ersetzen der Notizen gibt die Canvas immer ein aktuelles Bild deiner Idee wieder und zeigt, wie weit du schon gekommen bist.**

▶ Mit der Canvas ist es leichter, deine Geschäftsidee und dein Geschäftsmodell anderen zu erklären und mit ihnen darüber zu diskutieren. Sie können dir weitere Anregungen und Tipps geben, wie du deine Geschäftsidee noch überzeugender ausarbeiten kannst. Dadurch wirst du immer besser.

▶ **Nachdem du mit der Business Model Canvas an deiner Idee gearbeitet hast, fällt dir das Erstellen eines überzeugenden Businessplans sehr viel leichter, weil du alle wichtigen Aspekte schon genau durchdacht hast.**

Auf den nächsten beiden Seiten findest du links die Business Model Canvas mit ihren neun Bestandteilen. Rechts daneben siehst du, wie die ersten Notizen in der Canvas für einen Gartenservice aussehen können. Das ist bis dahin nur ein Zwischenstand, der mit der Zeit noch weiter ausgearbeitet wird.

Die NFTE Business Model Canvas

Partner und Unterstützer

- Wer kann mir helfen?
- Wer kann mir zum Beispiel am Anfang Werkzeug leihen?
- Wer kann mir Rat geben?
- Wer kann mir bei der Gestaltung meiner Werbung helfen?
- Wer kann mich bei Kunden vorstellen oder empfehlen?

Mein Aktionsplan

- Was muss ich bis wann machen?
- Was nehme ich mir bis wann vor?

Grundausstattung

- Was brauche ich (z.B Material, Werkzeuge), um zu beginnen?

Kundenwunsch oder -problem:

- Welchen Wunsch möchte sich der Kunde erfüllen? Oder welches Problem hat er/sie zu lösen?

Meine Problemlösung:

- Welches konkrete Angebot mache ich meinen Kunden?
- Was ist an meiner Lösung anders als bei der Konkurrenz und besonders interessant?
- Was ist mein Wettbewerbsvorteil?

Kommunikation und Werbung

- Wie kann ich die Kunden auf mich und mein Produkt oder meine Dienstleistung aufmerksam machen?
- Wie bleibe ich mit meinen Kunden in Kontakt?

Vertrieb

- Wie/Wo können die Kunden das Produkt bestellen oder kaufen?

Meine Zielkunden

- Wer ist mein Kunde oder meine Kundin, für die ich mit meinem Produkt oder meiner Dienstleistung eine wirklich tolle Lösung anbieten möchte?

Der/die „typische Zielgruppenvertreter/in"

- Welche konkrete Person interessiert mein Angebot besonders?
- Was ist ihr zu lösendes Problem oder ihr Wunsch? Wonach sucht sie?
- Wie kann sie detailliert beschrieben werden? Was ist ihr wichtig?

Gewinn- und Verlustrechnung (GuV)

- Variable Kosten, fixe Kosten, Preis meines Angebots, Deckungsbeitrag, Prognose der Absatzzahlen und GuV

Wie ich Geld verdiene

- Wie sollen meine Kundinnen und Kunden für meine Leistung bezahlen (z. B. pro Stunde, pauschal für eine Leistung oder im Abo)?

Ausgefülltes Beispiel: „Gartenservice"

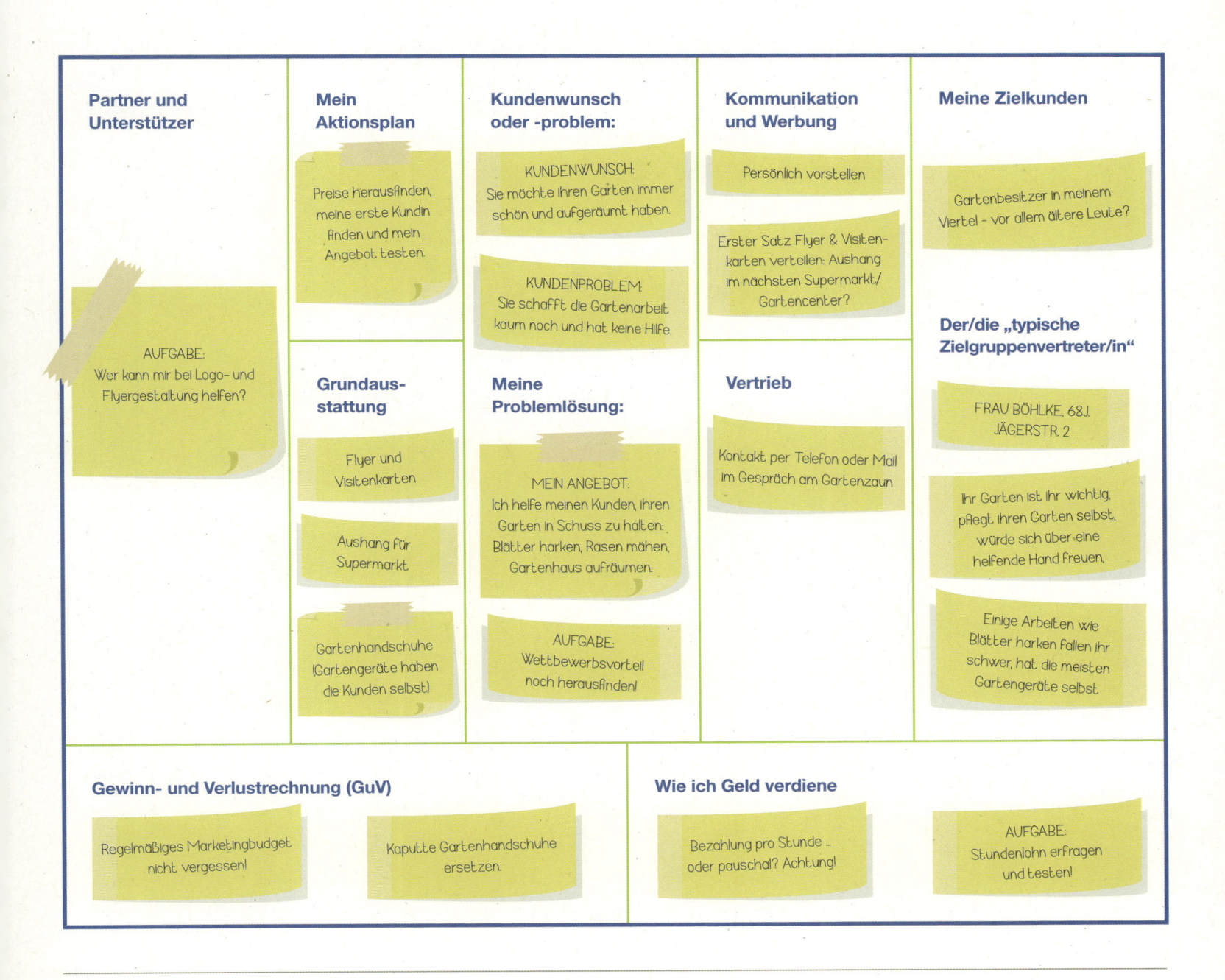

Partner und Unterstützer

AUFGABE: Wer kann mir bei Logo- und Flyergestaltung helfen?

Mein Aktionsplan

Preise herausfinden, meine erste Kundin finden und mein Angebot testen.

Grundausstattung

- Flyer und Visitenkarten
- Aushang für Supermarkt
- Gartenhandschuhe (Gartengeräte haben die Kunden selbst)

Kundenwunsch oder -problem:

KUNDENWUNSCH: Sie möchte ihren Garten immer schön und aufgeräumt haben.

KUNDENPROBLEM: Sie schafft die Gartenarbeit kaum noch und hat keine Hilfe.

Meine Problemlösung:

MEIN ANGEBOT: Ich helfe meinen Kunden, ihren Garten in Schuss zu halten: Blätter harken, Rasen mähen, Gartenhaus aufräumen.

AUFGABE: Wettbewerbsvorteil noch herausfinden!

Kommunikation und Werbung

Persönlich vorstellen

Erster Satz Flyer & Visitenkarten verteilen. Aushang im nächsten Supermarkt/Gartencenter?

Vertrieb

Kontakt per Telefon oder Mail im Gespräch am Gartenzaun

Meine Zielkunden

Gartenbesitzer in meinem Viertel - vor allem ältere Leute?

Der/die „typische Zielgruppenvertreter/in"

FRAU BÖHLKE, 68 J. JÄGERSTR. 2

Ihr Garten ist ihr wichtig, pflegt ihren Garten selbst, würde sich über eine helfende Hand freuen.

Einige Arbeiten wie Blätter harken fallen ihr schwer, hat die meisten Gartengeräte selbst

Gewinn- und Verlustrechnung (GuV)

- Regelmäßiges Marketingbudget nicht vergessen!
- Kaputte Gartenhandschuhe ersetzen.

Wie ich Geld verdiene

- Bezahlung pro Stunde ... oder pauschal? Achtung!
- AUFGABE: Stundenlohn erfragen und testen!

► So gehst Du vor

- ► Besorge dir einen großen Bogen Papier (mindestens im Format A2) und zeichne darauf die neun Felder des Geschäftsmodells genau wie in der Canvas dargestellt. Hänge das Plakat an eine Wand oder bearbeite es auf einem großen Tisch.

- ► Besorge dir einen Block mit selbstklebenden Notizzetteln (z. B. Post-its) und Stifte für deine Notizen. Du wirst schnell merken, dass die Notizzettel klein sind und du immer nur einige Stichpunkte darauf schreiben kannst. Das ist gut so, denn so konzentrierst du dich auf das Wesentliche. Wenn du später dein Geschäftsmodell im Kurs präsentierst, kannst und solltest du deine Notizen genauer erläutern.

- ► Fang an, deine ersten Stichpunkte und Notizen aufzuschreiben und klebe sie in die passenden Felder. Das gelingt dir vermutlich am leichtesten mit den Feldern „Meine Geschäftsidee" und „Meine Zielkunden". Anschließend füllst du die anderen Felder so, wie es dir am besten gelingt. Es ist wie ein Puzzle, das Schritt für Schritt zusammengesetzt wird. Am Anfang kann es noch einige leere Felder geben, die dann aber nach und nach gefüllt werden sollen, bis alles vollständig ist und zueinander passt.

- ► Wenn du an einigen Stellen nicht weiter kommst, frage andere um ihre Meinung. Erkläre deine Geschäftsidee so weit, wie du schon gekommen bist und höre dir ihre Fragen und Vorschläge aufmerksam an.

- ► Wenn du gute Ratschläge bekommst und Ideen hast, an welcher Stelle du dein Geschäftsmodell verbessern kannst, kannst du deine alten Notizen leicht durch neue Gedanken ersetzen. Nimm den alten Notizzettel weg und setze einen neuen an seine Stelle. Achte darauf, ob die Veränderung an einer Stelle nicht auch Auswirkungen an anderer Stelle hat. Wenn du zum Beispiel deine Zielgruppe etwas genauer abgrenzt, kann das auch bedeuten, dass du deine Werbung anpassen musst. Vieles hängt miteinander zusammen.

- ► Präsentiere deinen aktuellen Zwischenstand immer wieder. Du wirst merken, wie du immer besser darin wirst, deine Idee überzeugend vorzustellen und zu erklären.

Die Business Model Canvas wurde durch das Buch „Business Model Generation" von **Alexander Osterwalder und Yves Pigneur** bekannt, das sie 2010 veröffentlicht haben.

Seitdem hat sich diese Methode in der Wirtschaftswelt sehr verbreitet. Sie wird nicht nur weltweit von Entrepreneuren eingesetzt, wenn sie neue Geschäftsmodelle entwickeln, sondern auch von großen Unternehmen, die innovativ bleiben wollen und ihr Geschäftsmodell im Wettbewerb der Märkte permanent überdenken und neu ausrichten.

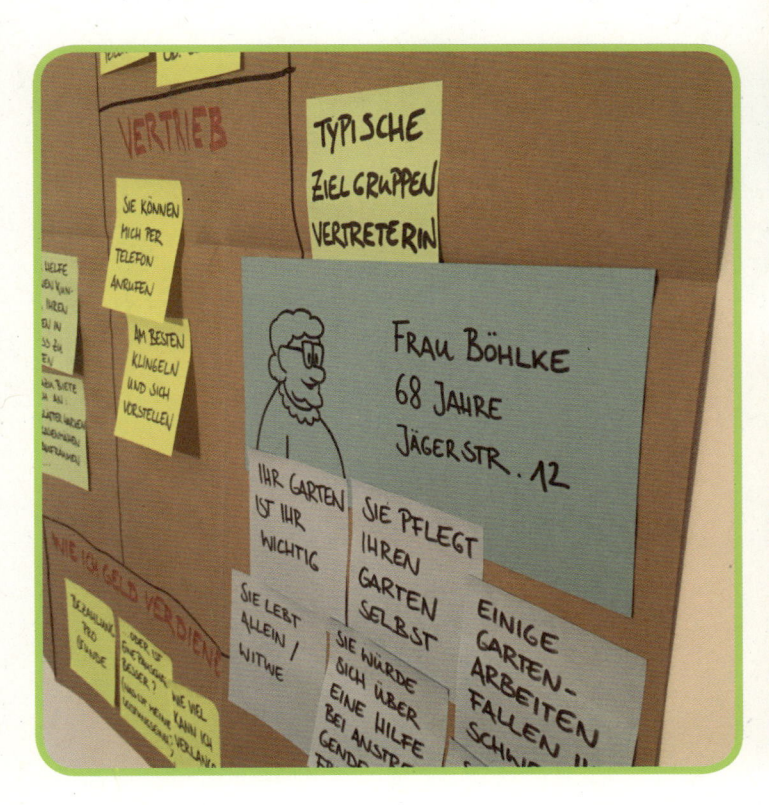

ZUSAMMENFASSUNG UND AUFGABEN

Die Business Model Canvas ist eine aktuelle Methode, die jeder Entrepreneur unbedingt ausprobieren sollte.

AUFGABEN

1 / ★ - BASIC
Besorge dir einen großen Bogen Papier, selbstklebende Notizzettel und Stifte und probiere aus, die Business Model Canvas für deine Geschäftsidee auszufüllen. Beginne bei deinen Zielkunden. Stellt euch gegenseitig eure ersten Versuche vor und helft euch mit nützlichen Tipps, damit ihr gut vorankommt.

2 / ★ ★ - GO ON
Benutze die Business Model Canvas, um deine Idee immer weiter auszuarbeiten. Finde heraus, an welchen Stellen du noch genauer recherchieren musst, um ein Feld auszufüllen. Stelle die Canvas zu deiner Idee immer wieder anderen vor und höre dir ihre Fragen und Vorschläge an. Das kann dir helfen, dein Konzept zu verbessern!

3 / ★ ★ ★ - WOW
Recherchiere im Internet, was du über Alexander Osterwalder und die von ihm und seinem Kollegen Yves Pigneur entwickelte Business Model Canvas erfahren kannst. In den vergangenen Jahren sind zahlreiche Überarbeitungen vorgeschlagen worden. Vergleiche den ursprünglich im Jahr 2010 vorgestellten Ansatz mit anderen Vorschlägen und notiere die Unterschiede, die du erkennen kannst.

Wie du dein Angebot mit Kundinnen und Kunden testest und kreative Werbung entwickelst

Kapitel 9

Lernziele

Wenn du dieses Kapitel gelesen und die Übungen ausgeführt hast, weißt du:

- ☑ wie du deine Geschäftsidee mit einem Prototyp testest und schrittweise verbesserst,
- ☑ wie du ein Logo entwickelst und kreative Ideen für deine Werbung bekommst,
- ☑ dass die besten Kunden zufriedene Stammkunden sind,
- ☑ wie du schwierige Situationen im Umgang mit Kunden meisterst.

> "Nur ein Narr macht keine Experimente."
>
> Charles Darwin, britischer Naturforscher

Probieren geht über Studieren

Wie du in dem vorangegangenen Kapitel gelernt hast, ist es sehr wichtig, dass du dir sehr genau überlegst, wer deine (ersten) Kunden sind (und welche nicht). Du musst herausfinden, was sie sich wünschen und wie du sie davon überzeugen kannst, dass dein Angebot wirklich interessant für sie ist. Dazu ist es zunächst einmal wichtig, dass du dich in die Kunden hineinversetzt.

Du hast wahrscheinlich auch schon anderen erklärt, was du vorhast, und einige gute Tipps und Anregungen von ihnen in deine Idee einfließen lassen.

Noch wichtiger ist es aber, auch den nächsten Schritt zu gehen und zu überprüfen, ob deine Kunden das Angebot, das du dir vorstellst, wirklich so interessant finden, wie du es dir denkst. Und vielleicht haben auch sie Ideen, wie du dein Produkt oder deine Dienstleistung noch weiter verbessern kann.
Deine Kunden sind deine wichtigsten Ratgeber!

Neben der **Marktforschung**, mit der du zum Beispiel schon einmal deine Wettbewerber identifiziert oder die marktüblichen Preise ermittelt hast, ist es besonders wichtig, die Meinungen von deinen Zielkunden zu erfahren.

Je früher du damit beginnst, ihre Meinungen anzuhören und von ihren Verbesserungsvorschlägen zu

> "Ein Bild sagt mehr als tausend Worte. Ein Prototyp sagt mehr als tausend Bilder."
>
> Tom Kelley, bekannter Buchautor und Experte für Kreativität und Innovation

lernen, desto besser kannst du deine Idee ausarbeiten und das passende Angebot für sie entwickeln.

Ein sehr hilfreicher Trick ist es, wenn man dafür einen **Prototyp** anfertigt. Ein Prototyp ist eine erste Vorversion deines Produktes, meist lange bevor es „marktreif" ist. Ein Prototyp soll dir helfen, deinen potenziellen Kunden zu zeigen, wie du dir das genau vorgestellt hast.

Der Bau von Prototypen ist bei Erfindungen und in der Produktentwicklung eine schon lange bewährte Methode, um frühzeitiges Feedback zur Eignung und Umsetzbarkeit einer Lösungsidee zu bekommen. Dadurch ist es möglich, Probleme rechtzeitig zu erkennen und dann schnell Verbesserungen vorzunehmen.

Ein NFTE Schüler entwickelt ein therapeutisches Gerät für Schlaganfallpatienten: Robin Kalle Weber und sein „Handtrainer"

Meine Lehrerin schlug mir vor, den Wahlpflichtkurs NFTE zu belegen, als ich an meiner Realschule die 8. Klasse wiederholen musste. Der Vorschlag gefiel mir gut, denn meine Schwester hatte auch schon in einem NFTE Kurs eine Idee für ein Unternehmen entwickelt und viel Spaß daran gehabt.

Schon bevor der Kurs losging, hatte ich meine Geschäftsidee gefunden! Ich musste nämlich sofort an meinen Opa denken. Er konnte nach einem Schlaganfall seinen rechten Arm und besonders seine Hand nicht mehr richtig bewegen. Ich wollte ihm mit einer Erfindung helfen, mit der die Beweglichkeit seiner Hand zurückkommen könnte.

Zu helfen macht mir Spaß. Ich entwarf einen Handtrainer und suchte mir in der Werkstatt meiner Eltern geeignete Metallteile, um einen Prototyp herzustellen. Das Schweißen übernahm ein Profi für mich. Der Handtrainer ist so hoch (ca.) wie eine DIN A 5-Seite. Man kann an ihm schrauben, ihn herauf- und herunterdrehen und Metall-Unterlegscheiben auf eine weitere Schraube drauflegen.

Mein Opa fing an, mit dem Handtrainer zu trainieren, und schon bald wurde die Feinmotorik seiner Hand besser. Wir waren beide froh. Sein Therapeut war begeistert und begann den Handtrainer auch mit anderen Patienten im Therapiezentrum zu erproben.

Meine Lehrerin stellte einen Kontakt zu einer Familie mit einem behinderten Kind her – beim Greifen hat das Mädchen große Probleme. Sie probierte den Handtrainer aus, und die Beweglichkeit der Hand verbesserte sich durch das Üben. Beim NFTE Landesevent in Osnabrück habe ich den Handtrainer vor einer Wirtschaftsjury präsentiert und zusammen mit einem anderen Schüler den Wettbewerb tatsächlich gewonnen. Inzwischen bin ich beim NFTE Bundesevent in Berlin mit meiner Idee sogar Publikumssieger geworden. Mein Opa trainiert jetzt schon seit einem halben Jahr regelmäßig mit dem Handtrainer. Ich bin durch den NFTE Kurs ganz schön kreativ geworden.

Weil ich später einmal den landwirtschaftlichen Betrieb meiner Eltern übernehmen möchte, kann ich **unternehmerische Erfahrung** auf jeden Fall gebrauchen.

Mein Handtrainer

JUNG, KREATIV, ENTREPRENEUR!

Ein Prototyp muss nicht perfekt sein. Die Kunden sollen sich aber dadurch vorstellen können, wie dein Angebot einmal aussehen soll. Verwende kostengünstige Materialien wie Papier, Holz, Farbe, Stoff oder Gips, da du wahrscheinlich viele Modelle bauen wirst, bis du etwas Überzeugendes geschafft hast. Bevor Softwareentwickler eine Website oder eine App aufwändig programmieren, entwickeln sie so genannte **„Mockups"** oder **„Wireframes"** für visuelle und konzeptionelle Entwürfe einer Website. Dabei geht es darum, die Anordnung von Schaltflächen und Elementen und die Benutzerführung zu überprüfen und mit den potenziellen Nutzern zu diskutieren. Dazu reicht es oft schon aus, die einzelnen Bildschirmansichten auf Papier zu zeichnen.

Mit dem Bauen und dem Vorstellen der Prototypen kommst du einer marktfähigen Lösung immer näher.

Nach den ersten Prototypen erfolgt der Schritt zum **Minimum Viable Product (MVP)**. Das ist ein Begriff, der von vielen Entrepreneuren benutzt wird. Er kann mit „minimal überlebensfähiges Produkt" übersetzt werden. Es ist die **erste funktionsfähige Version** eines Produktes, mit der Entrepreneure mehr über die echten Marktchancen ihrer Produktidee lernen wollen.

Wenn du zum Beispiel leckere Muffins backen und verkaufen möchtest, geht es nun darum, vielleicht mit einer oder zwei Geschmacksrichtungen erstmalig einen Verkauf zu organisieren. Der Unterschied zu den ersten Prototypen liegt darin, dass das Minimum Viable Product schon so weit ausgereift ist, dass es den Kunden das erste Mal als Produkt zum Kauf angeboten wird. Ihr Feedback kann dann genutzt werden, um das Angebot immer weiter zu optimieren. Dienstleistungen lassen sich auch auf diese Weise testen. Wichtig ist, dass du den Mut hast, deine Leistung einmal anzubieten und zu verkaufen.

Wie sehr sich das Bauen von Prototypen auszahlen kann, zeigt dir auch die Geschichte des Entrepreneurs Rolf Mertens: Als sein zweijähriger Sohn unbedingt wie sein älterer Bruder Fahrrad fahren wollte, erfand er 1995 das Laufrad Like-a-Bike. Dabei erinnerte er sich an die Draisine (ein altertümliches Fahrzeug mit zwei Rädern, das Karl Drais schon 1813 erfunden hatte) und baute in seiner Werkstatt ein Holzfahrrad, das statt mit Pedalantrieb von den Kleinkindern laufend zum Fahren gebracht wird. Als die Familie mit dem kleinen Sohn auf dem ersten Prototyp fahrend spazieren ging, wurde sie immer wieder von anderen Eltern und Kindern auf ihr Holzrad angesprochen.

Sie konnten das Laufrad im Einsatz sehen und auch gleich eine Probefahrt machen. So merkte Rolf Mertens, dass er ein tolles Produkt erfunden hatte. Er entwickelte sein Laufrad von seinem ersten Prototyp (schon als erster Prototyp so gut wie ein „Minimum Viable Product") zur Serienreife und gründete ein erfolgreiches Unternehmen.

Von der Idee über einen ersten Prototyp zum fertigen Produkt: Der NFTE Lean Startup-Prozess

Wie du neue Ideen und Kundenorientierung so miteinander verbindest, dass innovative Produkte oder Dienstleistungen entstehen, zeigt dir der **„NFTE Lean Startup-Prozess"**.

Mit dem Fachbegriff **„Lean Startup"** ist gemeint, eine Idee kundenorientiert und Schritt für Schritt umzusetzen (lean = schlank und einfach). Wie das geht, lernst du jetzt. Probiere ihn aus und folge dazu den nachstehenden Schritten.

▶ **Schritt 1:**
Wenn du eine Idee für ein neues Produkt hast, überlege dir zuerst, wer es brauchen könnte. Eventuell wird sich deine Idee noch verändern, also „verliebe dich nicht gleich" in die erste Idee. Bleibe neugierig und gehe zu Schritt 2.

▶ **Schritt 2:**
Beobachte und befrage deine möglichen Kundinnen und Kunden und versuche genau zu verstehen, was deren Problem ist und ob du es nachvollziehen kannst. Wenn du z. B. einen ungepflegten Garten in der Nachbarschaft siehst, kannst du bei den Besitzern nachfragen, ob das vielleicht an fehlender Zeit liegt oder ob sie bei bestimmten Arbeiten Hilfe benötigen. Als Entrepreneur brauchst du dich nicht gleich auf ein bestimmtes Produkt festzulegen. Führe Interviews mit möglichen Kunden, um genau zu verstehen, was sie brauchen.

▶ **Schritt 3:**
Entwickle eine Dienstleistung oder ein Produkt und zeige deinen Kundinnen und Kunden einen ersten Prototyp. Wenn die Kunden deine Ideen bestätigen, kannst du fortfahren. Wenn die Kunden dir aber neue Ideen geben, musst du abwägen, ob ihre oder deine Idee besser ist. Dieses Prüfen ist nicht einfach. Sei offen, aber halte auch an deiner Vision fest. Es ist ein schmaler Grat zwischen Hartnäckigkeit (positiv: Dranbleiben und Lernen) und Dickköpfigkeit (negativ: keine Bereitschaft zuzuhören).

▶ **Schritt 4:**
Stelle eine erste funktionierende Variante deines Produktes bzw. deiner Dienstleistung her, d.h. dein „Minimum Viable Product". Schaff dir einen Testmarkt. Dein Produkt (oder deine Dienstleistung) muss noch nicht perfekt sein, aber es soll funktionieren. Überlege dir einen Preis und biete es deinen ersten möglichen Kundinnen und Kunden an. Versuch einen Probeverkauf z. B. auf einem Flohmarkt oder Weihnachtsbasar! Oder platziere dein Produkt probehalber in einem Geschäft und schau, ob und wie es sich dort verkauft!

Wie du deine Kunden auf dich aufmerksam machst

Wenn du soweit bist, dein Produkt oder deine Dienstleistung den ersten Kunden anzubieten, musst du dir überlegen, wie du sie auf dein neues Angebot aufmerksam machst. Du musst festlegen, wie sie von dir und deinem Angebot erfahren. Diesen Teil des Marketings nennt man Kommunikation oder genauer: Marketingkommunikation.

Name, Logo und Slogan deines Unternehmens

Deine Marketinganstrengungen werden einen stärkeren Eindruck hinterlassen, wenn dein Unternehmen sich bei den Kunden immer mit einem einprägsamen Namen und einem unverwechselbaren **Markenzeichen** verbindet, die zu deiner Idee und deinen Zielkunden passen. Dir ist bestimmt schon aufgefallen, dass bekannte Unternehmen ihre Produkte und alle Werbemittel immer mit einem gleichbleibenden Schriftzug oder mit demselben **Logo** markieren.

Das Markenzeichen ist ein wichtiger Teil des **„Brandings"** deines Unternehmens. Der Schriftzug, der den Produkt- oder Firmennamen wiedergibt, nennt man auch Wortmarke. Viele Unternehmen ergänzen diesen Schriftzug zudem um ein leicht erkennbares Symbol, eine Bildmarke. Wenn Unternehmen sehr bekannt sind, können sie auf ihren Namen sogar verzichten und benutzen nur noch ihr Markenzeichen in Form eines Logos. Denk einmal darüber nach, wie viele Unternehmen du nur an ihrem Logo erkennst!

Du solltest damit beginnen, dass du für deine Idee einen Namen auswählst, der leicht zu merken ist und der dein Unternehmen gut beschreibt. Auch das Logo sollte zu der Idee passen und nicht nur dir, sondern auch deinen Kunden gefallen. Sei kreativ, mache viele Entwürfe und zeig sie Freunden, Verwandten und möglichen Kunden! Wähle den Namen und das Logo, die am besten ankommen!

Häufig nutzen die Unternehmen zusätzlich auch einen **Slogan**. Das ist ein kurzer Satz oder Werbespruch, der den Kundinnen und Kunden leicht in Erinnerung bleibt und deutlich macht, wofür das Unternehmen steht. Sicher kennst du auch viele Slogans aus der Werbung. Tauscht euch einmal im Unterricht aus, welche euch alle einfallen!

„Picknick im Freien ohne Krabbeleien"

Der Slogan für die Ant Away Decke von Alysha

In fünf Schritten zum eigenen Logo

1. Der Name macht den Anfang:
Wahrscheinlich hast du schon einen Namen für deine Idee gefunden, der aussagt, was du machen möchtest und der einprägsam ist. Suche dir für deinen Namen eine Schriftart (auch „Font" oder „Typografie") heraus, die zu deiner Idee und deiner Zielgruppe passt. Vergleiche die Ergebnisse, wenn du im Internet nach den Fonts „Pixel" oder „Elegant" suchst. Du merkst schnell, dass diese Schriftarten nur bei bestimmten Ideen und Zielgruppen geeignet sind! Überlege auch, welches Symbol grundsätzlich zu deiner Idee passen könnte und halte das in einem Notizbuch fest.

2. Inspirieren, aber nicht kopieren:
Lass dich von anderen Logos inspirieren! Recherchiere einmal im Internet, welche Logos (und Symbole) Unternehmen nutzen, die etwas Ähnliches machen wie du. Suche gezielt nach Logos in deiner Umgebung, die dir besonders gefallen. Vermeide aber, einfach etwas zu kopieren! Das ist nicht erlaubt!

3. Unterschätze deine Kreativität nicht:
Werde selbst kreativ und mache viele Entwürfe! Am schnellsten geht das mit vielen „Scribbles" mit Stift und Notizblock. Später kann es (z. B. für die Online-Kommunikation) sinnvoll sein, ein Logo auch digital (als Vektorgrafik) zu gestalten.

> "Ein Logo ist dann gut, wenn man es mit dem großen Zeh in den Sand kratzen kann."
>
> Kurt Weidemann, Logo-Experte

Das ist aber nicht zwingend: Vielleicht ist ein gezeichnetes Logo auch besonders passend oder der Zielgruppe besonders sympathisch!

4. Schlichtheit und Flexibilität:
Viele bekannte Logos sind eher schlicht gehalten. Sie sind auch aus großer Entfernung gut zu erkennen oder wenn sie auf Produkten oder Visitenkarten stark verkleinert sind. Zu viele Farben können auch nachteilig sein: Probiere aus, wie das farbige Logo aussieht, wenn es z. B. schwarz-weiß kopiert wird. Kann man es dann noch lesen?

5. Stelle deine Entwürfe vor und beobachte, wie die Menschen darauf reagieren. Wähle den besten Schriftzug und das beste Logo aus und gestalte damit deine Visitenkarte. Teste, wie das auf einem Flyer, auf Briefpapier oder auf Verpackungen aussehen kann. Damit bekommt deine Geschäftsidee ein erstes Gesicht!

Selbst entwickelte Logos aus dem NFTE-Kurs

Eine Marke lebt von Vertrauen

Einer der wichtigsten Aspekte im Geschäftsleben ist, einen guten Ruf aufzubauen. Es ist nötig, dass Leute positive „Assoziationen" (sich sofort damit verbindende Gedanken) haben, wenn sie an deine Marke denken oder davon hören.

Damit du das schaffst, musst du die Erwartungen deiner Kunden zuverlässig erfüllen und dich bemühen, immer eine gleichbleibende, hohe Qualität anzubieten. Präsentiere dich und dein Unternehmen immer so, dass die Menschen Vertrauen in dein Produkt oder deine Dienstleistung entwickeln!

Kommunikationskanäle

Wenn Unternehmen auf sich und auf ihre Angebote aufmerksam machen möchten, tun sie das oft über bezahlte Werbung. Es gibt aber noch viele andere Wege, die Aufmerksamkeit der Kundinnen und Kunden auf sich zu ziehen. Dir stehen verschiedene Kommunikationskanäle zur Verfügung. Du musst diejenigen Kanäle wählen, von denen du glaubst, dass sie am besten zu deiner Idee passen und deine Kunden erreichen.

▶ **Bezahlte Werbung**

Wenn ein Unternehmen Werbung macht, heißt das, dass es auf sein Angebot aufmerksam macht, indem es eine Anzeige zum Beispiel in einer Zeitschrift oder im Internet platziert, einen Radiospot über einen Radiosender laufen oder ein Plakat auf einer großformatigen Plakatwand anbringen lässt.

Werbung bedeutet, dass für die Verbreitung der Werbebotschaft ein Medium genutzt wird, um viele Menschen und potenzielle Kunden zu erreichen. Zu den klassischen Medien zählen Printmedien (Zeitungen, Zeitschriften, Plakatwerbung) und elektronische Medien (Radio, TV, Internet, Kino etc.). Wenn ein Unternehmen in solchen Medien eine Werbeanzeige platzieren möchte, muss es dafür dem Medienunternehmen meist viel Geld bezahlen. Der Preis ist vor allem dann sehr hoch, wenn ein Unternehmen zum Beispiel in ganz Deutschland mit hoher Reichweite Plakate veröffentlichen oder einen Spot im Abendprogramm eines bekannten Fernsehsenders machen möchte.

Günstiger kann es sein, wenn ein Unternehmen zum Beispiel lokale Radiosender oder lokale Zeitungen nutzt. Weil bezahlte Werbung in Medien meist viel Geld kostet, wählen Entrepreneure, die nicht so viel Geld zur Verfügung haben, andere kluge Wege, die im Folgenden genannt werden.

Visitenkarten von kreativen NFTE Schülerinnen und Schülern

▶ **Visitenkarten**

Visitenkarten sind eine einfache und sehr günstige Möglichkeit, um auf sich aufmerksam zu machen. Du kannst sie leicht gestalten und sie an interessierte Kunden persönlich verteilen. Kaum ein Entrepreneur verzichtet darauf, immer eine Visitenkarte griffbereit zu haben, um diese im richtigen Moment weiterzugeben. Eine Visitenkarte enthält sowohl deinen Namen als auch den Namen, die Adresse und die Telefonnummer deiner Firma.

Eine Mail-Adresse sollte ebenfalls nicht fehlen. Wenn du ein Logo hast und einen Slogan, füge das ebenfalls hinzu. Die Visitenkarte soll deinen Kunden an dich und dein Produkt erinnern und die Möglichkeit geben, dich zu kontaktieren. Du kannst deine Visitenkarte leicht mit deinem Computer gestalten, selber ausdrucken oder von einem Copyshop drucken lassen.

▶ **Flyer/Broschüren**

Flyer richten sich an deine Kundinnen und Kunden und beschreiben ihnen mit den wichtigsten Aussagen und meist mit einigen Bildern, was du ihnen anbietest. Sehr viele kleine Unternehmen nutzen Flyer, um in ihrer Nachbarschaft auf sich aufmerksam zu machen. Sammle einmal Flyer von Unternehmen in deiner Umgebung und schaue dir an, wie sie ihre Flyer gestaltet haben. Beobachte genau, wo sie ihre Flyer auslegen und verteilen und lass dich davon inspirieren.

Kreative Werbeformen

Sei auch bei der Gestaltung und Verteilung deiner Flyer kreativ!

Statt das übliche Format zu wählen und deinen Flyer in den Briefkasten zu werfen, kannst du deine Kunden vielleicht mit einer ungewöhnlichen Ansprache überraschen.

Wenn dein potenzieller Kunde nach Hause kommt und den Flyer oder deine Visitenkarte so am Gartentor entdeckt, schaut er sich ihn bestimmt etwas aufmerksamer an.

Vielleicht wundert er sich darüber und wird neugierig, was es damit auf sich hat. Natürlich wurden die kleinen Fallschirme nicht per Flugzeug abgeworfen, sondern ganz gezielt in der Nachbarschaft verteilt!

Suche im Internet nach ungewöhnlichen Werbeformen. Am einfachsten gelingt das über die Bildersuche einer Suchmaschine.

Als erste Suchbegriffe kannst du **Guerilla Marketing, Ambient Marketing oder Ambush Marketing** eingeben.

Viele dieser Maßnahmen sind sehr aufwändig und teuer in der Umsetzung und können nur von großen Unternehmen gemacht werden.

Wähle gezielt solche Ideen aus, die auch mit einfachen Mitteln umgesetzt werden können! Findest du etwas, was du selbst machen könntest oder was für eine Mitschülerin oder einen Mitschüler von dir eine gute Idee wäre? Stell das den anderen vor!

▶ **Direkte Ansprache von Kunden**
Überlege dir, wo du in direkten Kontakt mit deinen Kunden kommen kannst, um dich persönlich vorzustellen und bei der Gelegenheit deine Visitenkarten und Flyer persönlich zu verteilen.

▶ **Eigene Website & Blogs**
Du kannst deine eigene Website gestalten oder einen Blog starten. Heute hat kaum noch ein Unternehmen keine Website! Es gibt viele Anbieter, mit denen du eine Website oder einen Blog sehr leicht und kostenlos gestalten kannst. Achte aber darauf, dass deine Website oder dein Blog zunächst mit einem Passwort gesichert ist und so nur die Personen darauf zugreifen können, denen du es ausdrücklich erlaubst. Bevor du die Website online veröffentlichst, informiere dich genau, welche formalen Dinge zum Beispiel im Impressum stehen müssen und hole dir noch einmal Rat, was dabei zu beachten ist.

Solange die Seite mit einem Passwort gesichert und so der Öffentlichkeit noch nicht zugänglich ist, kannst du aber schrittweise deine eigene Website bauen und deinen Blog mit Einträgen füllen.

▶ **Soziale Medien, Twitter, Youtube & Co.**
Viele kleine und große Unternehmen präsentieren sich in sozialen Medien wie facebook, instagram, pinterest, Youtube, Twitter und auf ähnlichen Kanälen. Darüber bleiben sie mit ihren Kunden und Interessenten in Kontakt und halten sie immer auf dem Laufenden. Überlege dir, ob das für deine Idee auch sinnvoll sein kann. Was einige Gründerinnen und Gründer zu Beginn unterschätzen, ist der Aufwand, den sie betreiben müssen, um solche Online-Kanäle regelmäßig zu pflegen.

Denn die Follower erwarten meist regelmäßige interessante Posts und einen intensiven Dialog, was sehr viel Arbeit verursachen kann. Wenn es nicht sein muss, nimm dir das für später vor. Deine Idee und dein Produkt oder deine Dienstleistung haben Vorrang. Und Achtung, auch hier gilt: Weil du mit den sozialen Medien wie auch mit deiner eigenen Website eine sehr hohe Reichweite hast und über das Internet im Nu weltweit sichtbar bist, informiere dich vorher, was du dabei beachten musst. Gehe erst online, wenn du dir sicher bist, dass du die jeweilige Plattform verstanden hast und sicher beherrschst.

▶ **Kontaktaufnahme per E-Mail oder Newsletter**
Wann immer du etwas verkaufst oder mit interessierten Kunden sprichst, bitte sie höflich darum, dir ihre Kontaktdaten zu geben (Name, Adresse, Telefonnummer und/oder E-Mailadresse) und frage sie, ob du sie per Post oder per Mail kontaktieren darfst. So kannst du sie kontaktieren, wenn du sie zum Beispiel über Neuigkeiten informieren möchtest. Du kannst auch einen regelmäßigen Newsletter verschicken.

Aber Vorsicht: Du darfst nur solche Kundinnen und Kunden anschreiben, die ausdrücklich ihre Einwilligung gegeben haben, dass du sie kontaktieren darfst! Sonst ist das Spamming. Spam ist die Bezeichnung für unerwünschte Nachrichten, die dem Empfänger meist auf elektronischem Wege unverlangt zugestellt werden. Das ist nicht erlaubt. Wenn du aber ihre Erlaubnis hast, sie zu kontaktieren, kann dieser Kommunikationskanal besonders wertvoll sein, um mit deinen Kundinnen und Kunden in engem Kontakt zu bleiben!

▶ **Plakate**
Plakate hängen an gut sichtbaren Stellen an Orten, an denen deine Kunden sich aufhalten, zum Beispiel am Schwarzen Brett im Supermarkt, am Aushang deines Sportvereins oder in Ladengeschäften in der Umgebung. Frage vorher, ob du an einer bestimmten Stelle dein Plakat anbringen kannst, sonst wird es vielleicht schnell wieder abgehängt und dann hätte es nichts gebracht.

Professionelles Werbematerial für eine originelle Idee

Elias, der Erfinder von Hatschi, zeigt sein Produkt

▶ **Muster und Proben**
Biete potenziellen Kunden, die an deinem Stand vorbeigehen, Proben deines Produktes an. Im Supermarkt oder auf Wochenmärkten hast du bestimmt schon oft gesehen, dass den Kunden kleine Kostproben von Lebensmitteln angeboten werden. Wenn du eine Dienstleistung verkaufst, führe sie im Freien oder in Einkaufsstraßen vor (besorge dir zuerst die Erlaubnis!).

▶ **Bonusprogramme und Rabattcoupons**
Wenn du etwas anbietest, was die Kunden öfter kaufen, kannst du sie mit einem Bonusprogramm locken, so dass sie regelmäßig zu dir kommen. Zum Beispiel bieten Cafés oft an, mit jedem gekauften Kaffee einen Stempel oder einen kleinen Aufkleber auf einer Treuekarte zu sammeln. Wenn eine Kundin dann zum Beispiel zehn Stempel oder Aufkleber gesammelt hat, bekommt sie den nächsten Kaffee umsonst. Um neue Kunden zu gewinnen, kannst du für eine begrenzte Zeit auch Rabattcoupons verteilen, die deinen Kunden einen Preisnachlass gewähren. Das ermutigt neue Kunden, dein Produkt oder deine Dienstleistung zu probieren.

▶ **Besondere Veranstaltungen**
Mach Wettbewerbe, gib Partys oder organisiere Veranstaltungen, um Aufmerksamkeit zu wecken und Kunden zu erreichen.

▶ **Pressearbeit und Kontakt zu Bloggern**
Versuche Journalisten von lokalen Zeitungen, Radiosendern und vielleicht sogar lokalen Fernsehsendern in deiner Umgebung persönlich zu kontaktieren und sie für deine Geschichte zu interessieren. Das gleiche gilt für Blogger und andere Influencer, durch die sich deine Zielgruppe erreichen lässt. Vielleicht gelingt es dir, dass sie über dich und deine Idee berichten. So kannst du eine hohe Reichweite erzielen, ohne dass es etwas kostet!

Wenn du einige Kommunikationskanäle auswählst und testest, musst du vorher festlegen, was du deinen Kunden zum Beispiel mit einem Flyer, Plakat oder auf einer Website mitteilen möchtest. Manchmal ist der Platz auch begrenzt: Auf einer Visitenkarte kannst du zum Beispiel weniger Informationen als auf einer Website unterbringen. Wichtig ist, deinen Wettbewerbsvorteil deutlich hervorzuheben – entweder ausführlicher oder ganz kurz mit einem treffenden Slogan: Was macht es besonders spannend für deine Kunden, dich zu kontaktieren oder dein Produkt auszuprobieren?

Und natürlich darf nie die Angabe fehlen, wie oder wo sie dich auffinden können!

Es ist nicht wichtig, „möglichst viele" Kommunikationskanäle zu wählen, sondern diejenigen zu finden, die am besten funktionieren! Experimentiere, auf welchem Weg sich die Kunden erreichen und wirkungsvoll überzeugen lassen!

Zufriedene Kunden empfehlen dich weiter

Wenn deine Kunden mit deiner Leistung zufrieden sind, hast du die Chance, dass sie zu Stammkunden werden und anderen davon erzählen! Diese Weiterempfehlungen durch zufriedene Kunden können schnell zu neuen Kunden führen. Sind Kunden nicht zufrieden, geben sie ihre schlechten Erfahrungen leider auch sehr oft weiter.

Das kann schnell einen schlechten Ruf verursachen. Deswegen ist es besonders wichtig, immer darauf zu achten, dass die Kunden mit deinen Produkten und deinem guten Service zufrieden sind. Und falls sie es nicht sein sollten und ein Problem entstanden ist, kontaktiere sie, sei dabei freundlich und versuche das Problem zu lösen! Erfolgreiche Entrepreneure wissen, dass ein zuerst nicht ganz zufriedener Kunde später ganz begeistert sein kann, wenn sie auf seine Beschwerde hören und schnell darauf reagieren. Darauf zu achten, ist im Marketing ganz wichtig!

Wie führst du erfolgreich ein schwieriges Kundengespräch?

▶ Hör ganz aufmerksam und genau zu, was dein Gegenüber sagt, egal ob persönlich oder am Telefon.

▶ Lächle und bleib immer freundlich – lass dich nicht provozieren, suche keinen Streit und lass dich auch nicht in eine Verteidigungshaltung drängen.

▶ Nicke deinem Gesprächspartner zu, wenn er redet und zeige damit, dass du genau zuhörst. Falls du telefonierst, sage: „Ich verstehe." Oder „Das kann ich mir vorstellen."

▶ Halte beim persönlichen Gespräch Augenkontakt und nimm eine ruhige Haltung ein. Bei Telefonaten mach grundsätzlich ein freundliches Gesicht, auch wenn es niemand sehen kann – der Gesprächspartner am anderen Ende der Verbindung spürt deine positive Haltung.

In Call Centern gibt es den Hinweis: „Lächeln kann man hören!"

▶ Frage echte, interessierte Fragen, um zu zeigen, dass du das Problem, um das es geht, verstehst oder verstehen möchtest. Zeige dein Mitgefühl.

▶ Wiederhole das Problem, so wie du es verstanden hast, um sicher zu gehen, dass es keine Missverständnisse gibt, z. B.: „Habe ich das richtig verstanden, dass Sie vor allem enttäuscht sind, weil das T-Shirt zu eng ist?"

▶ Zeige, dass du begreifst, wie unangenehm die Situation für den Kunden ist (angenommen, du hattest z. B. eine Verzögerung mit deiner Lieferung und er brauchte deine Plätzchen dringend für seine Gäste).

▶ Versichere, dass du alles tun wirst, um zu helfen.

▶ Frage dein Gegenüber, wie genau er oder sie sich die Lösung des Problems vorstellt.

▶ Mache keine anderen Menschen für das Problem verantwortlich. Schiebe die Verantwortung also nicht ab! Übernimm sie stattdessen selbst und löse das Problem so gut und so schnell wie du irgend kannst.

- ▶ Falls du Hilfe von Dritten oder mehr Zeit brauchst, sag dem Kunden/deinem Gegenüber ehrlich, was er erwarten kann und was nicht, z. B. „In einer Stunde kann ich es sicher schaffen."

- ▶ Erledige alles, was du zugesagt hast, so schnell wie irgend möglich. Wenn dir etwas wirklich Unangenehmes schief gegangen ist, denk dir etwas richtig Nettes aus, damit der Kunde oder die Kundin nicht mehr ärgerlich ist – eine kleine Aufmerksamkeit, einen Rabatt oder Ähnliches. Das wirkt oft Wunder, denn Fehler können ja jedem passieren. Wie man damit umgeht, macht den Unterschied!

- ▶ Wende diese Gesprächsmethoden einmal bei einem schwierigen Gespräch mit deinen Eltern, Lehrern oder mit einer Freundin oder einem Freund an und probiere sie aus!

Die Empfehlungen, die du gerade bekommen hast, sind besonders wichtig für alle Gespräche mit anderen Menschen – mit unzufriedenen Kunden, aber genauso mit Vorgesetzten, deinen Mitarbeitern, bei Bewerbungen, bei Problemen mit deinen Eltern oder anderen Erwachsenen und auch bei Beziehungsproblemen mit deinem Freund oder deiner Freundin.

Wer sie anwendet, gilt schnell als intelligenter, angenehmer Zuhörer, mit dem man gerne zusammen ist.

Wenn du diese Tipps beherzigst, kannst du etwas, was sehr viele Erwachsene bitter nötig hätten, aber nicht beherrschen.

Lies die Empfehlungen immer mal wieder durch und übe es, sie tatsächlich in Gesprächen anzuwenden. Du wirst dich freuen, wenn du erkennst, wie hilfreich diese „Gesprächs-Strategien" sind.

ZUSAMMENFASSUNG UND AUFGABEN

I. Der NFTE Lean Startup-Prozess beschreibt den Weg von der Idee über die ersten Prototypen bis zum fertigen Produkt

A. Entrepreneure lernen am meisten, wenn sie Dinge ausprobieren und in die Tat umsetzen.

B. Mit dem Bauen und dem Vorstellen von einfachen Prototypen kannst du deine Idee immer weiter verbessern.

C. Mit dem Minimum Viable Product testest du dein Produkt oder deine Dienstleistung das erste Mal mit echten (Pilot-)Kunden.

II. In der Marketingkommunikation wird festgelegt, wie man Kundinnen und Kunden auf sich aufmerksam macht.

A. Der Name der Geschäftsidee, das Logo und ein Slogan sind die Grundlage für deine Kommunikation.

B. Von den Kommunikationskanälen musst du die wählen, mit denen du deine Kunden am besten erreichst.

C. Erfolgreiche Entrepreneure suchen nach intelligenten, kreativen Werbeformen, die Aufmerksamkeit wecken.

III. Entrepreneure achten auf zufriedene Kunden

A. Zufriedene Kunden können durch ihre Empfehlung neue Kunden werben.

B. Erfolgreiche Entrepreneure gehen auf unzufriedene Kunden zu und versuchen die Kundenprobleme zu lösen.

AUFGABEN

1 / ★ - BASIC
Erstelle dein eigenes Logo. Beachte die Punkte, die bei den fünf Schritten zur Logoentwicklung genannt wurden. Mache mehrere Entwürfe, stelle sie in deinem Kurs vor und arbeite so lange daran, bis du das Passende gefunden hast.

2 / ★ ★ - GO ON
Suche im Internet nach besonders guten Beispielen für die Gestaltung von Visitenkarten und Flyern. Suche drei Beispiele heraus, die dir besonders gefallen und zu deiner Idee passen könnten und begründe deine Auswahl.

3 / ★ ★ ★ - WOW
Wenn du an deine Lieblingsmarken denkst, wirst du leicht beschreiben können, wie du sie wahrnimmst und wofür sie stehen. Wähle zwei deiner Lieblingsmarken aus und notiere dir mit geeigneten Begriffen, wie du sie wahrnimmst.
Stelle das in der Gruppe vor und gleiche ab, ob auch Andere das so sehen.

Digitale Instrumente für Entrepreneure: Chancen entdecken und Herausforderungen meistern

Kapitel 10

Lernziele

Wenn du dieses Kapitel gelesen und die Übungen ausgeführt hast, kannst du:

- ☑ den digitalen Wandel auch als Chance sehen,
- ☑ im Internet mit Suchmaschinen Informationen recherchieren,
- ☑ Informationen auf ihre Glaubwürdigkeit und urheberrechtliche Unbedenklichkeit prüfen,
- ☑ Informationen und deren Zusammenhänge mit Hilfe von digitalen Instrumenten anschaulich darstellen,
- ☑ passende digitale Instrumente auswählen und digital zusammenarbeiten.

> "Ein Geschäft muss mitreißend sein, Spaß machen und die kreativen Instinkte ansprechen"
>
> — Richard Branson

*Das Kapitel 10 wurde maßgeblich von Julia Gunnoltz erstellt.

Digitalisierung – alles wird anders!

Viele Bereiche unseres Lebens, ob Wirtschaft, Wissenschaft, Sport oder Politik, werden vom digitalen Wandel erfasst. Veränderungen sind für Entrepreneure immer wieder Chancen, da die bestehenden Unternehmen oftmals nur langsam reagieren. Durch die Digitalisierung gibt es neue Möglichkeiten zu handeln, zu lernen und zu forschen. Sie verändert die Art, wie wir leben und arbeiten: Reale und virtuelle Welt wachsen zusammen.

Zahlreiche Unternehmen werden neu entstehen, und junge Entrepreneure bieten neue datenbasierte Produkte und Dienstleistungen an. Digitale Unternehmen haben andere Produktions- und Marketingkosten als z. B. ein Automobilhersteller.

NFTE Schülerinnen und Schüler entwickeln immer öfter digitale Geschäftsmodelle und haben Erfolg damit.

In den bisherigen Kapiteln haben wir immer wieder auf die Besonderheiten digitaler Geschäftsmodelle hingewiesen.

Sie haben zunächst hohe Entwicklungskosten, aber dafür nur geringe variable Kosten. Und wenn wir uns die Werbe- und Vertriebskosten ansehen, dann kann dein digitales Unternehmen z. B. durch Cookies online wesentlich genauer Werbung machen als es Unternehmen früher konnten.

Kapitel 10 zeigt dir, wie du die Möglichkeiten der Digitalisierung für deine Arbeit und dein Unternehmen nutzen kannst. Doch Digitalisierung zwingt auch jeden von uns zur Vorsicht.

Das Thema Sicherheit wird immer wichtiger. Welche Informationen sind echt, welche nicht? Wer kann meine Daten einsehen und wer möchte mir vielleicht Schaden zufügen? Wichtig ist es, keine Angst vor dem Internet zu haben, aber auch nicht unüberlegt zu handeln.

Die Entrepreneurship-Forschung hat gezeigt, dass für Gründerinnen und Gründer eine ängstliche Risikovermeidung ebenso von Nachteil ist wie extrem hohe Risikoneigung - und dies gilt natürlich auch für die Digitalisierung.

Der Gigant, den jeder kennt, und eine Neugründung, die ökologische Ziele verfolgt.

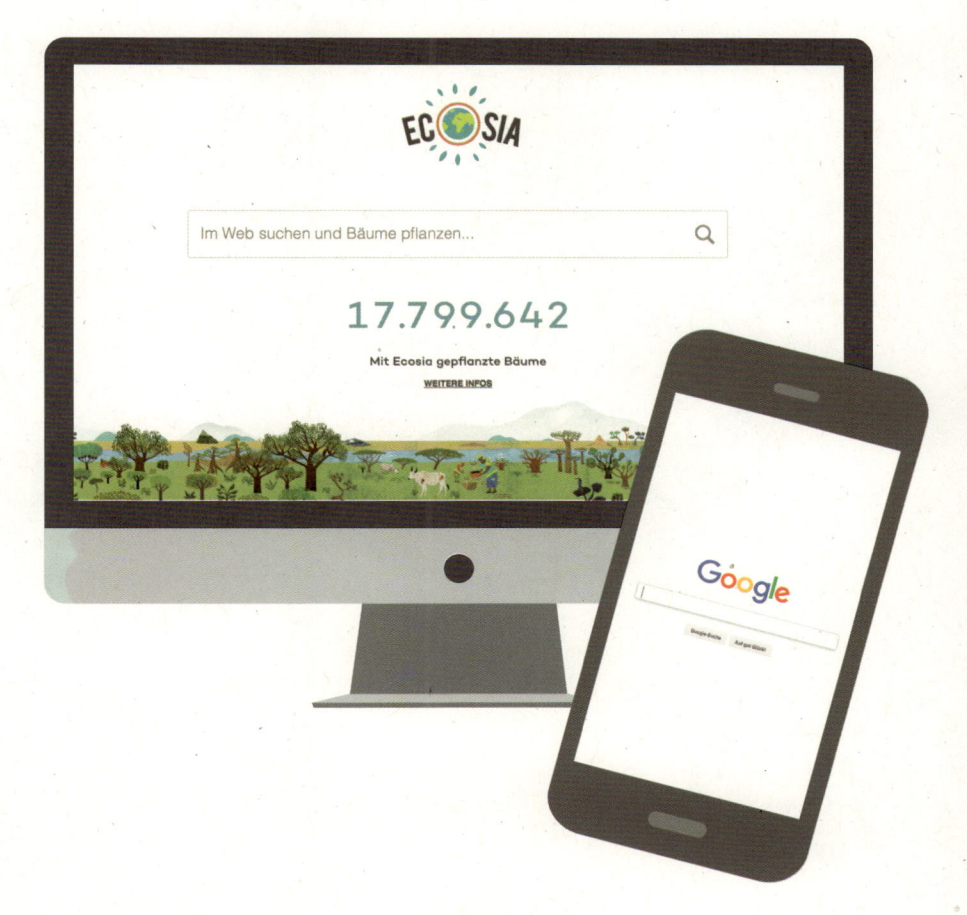

Informationen aus dem Internet

Wie suche ich Informationen im Internet?
Das Internet ist riesig und es verändert sich ständig. Neues kommt hinzu oder Altes wird gelöscht. Es gibt Seiten mit gutem Inhalt, aber auch schlechte Seiten. Es ist daher nicht immer leicht, das Richtige zu finden. **Suchmaschinen** können dir dabei helfen.

Suchmaschinen (wie bspw. Google, Bing, oder Ecosia) bestimmen wesentlich mit, welche Informationen du findest und welche nicht. Suchergebnisse werden dir immer nach bestimmten Kriterien (Suchalgorithmus) angezeigt.

Da den meisten Menschen die Ergebnisse bei Google am besten geholfen haben, wurde diese Suchmaschine ein großer Erfolg. Und trotzdem: Auch Google zeigt nicht alles, sondern nur das, was nach den Google-Kriterien relevant ist.

Zwar kannst du die Anzahl der gleichzeitig angezeigten Ergebnisse erhöhen oder durch die Ergebnisseiten vorwärts und zurückblättern, aber teste dich selbst; diese Art der Darstellung ist darauf ausgelegt, dass du auf eines der ersten Ergebnisse klickst. Sei dir also bewusst, dass dich diese Informationen besonders stark beeinflussen.

Da im Internet jeder nach Belieben veröffentlichen kann, solltest du mit den Suchergebnissen vorsichtig umgehen.

Wichtig zu wissen: Ihren Einfluss nutzen Suchmaschinen üblicherweise, um Geld zu verdienen, indem sie bestimmte Suchergebnisse gegen Bezahlung platzieren.

Diese bezahlten Anzeigen sind im Großen und Ganzen gut zu erkennen (z. B. durch das Wort "Anzeige") und von den anderen Suchergebnissen unterscheidbar.

DER BIZTIPP

▶ Benutze doch einfach einmal eine so genannte "Meta-Suchmaschine". Dies ist eine Suchmaschine, die gleich mehrere Suchmaschinen für dich durchsucht. Eine gemeinnützige Suchmaschine ist z. B. **MetaGer.de**.

Die folgende Checkliste mit Fragen hilft dir bei der Überprüfung von Informationen aus dem Internet. Stelle dir die folgenden Fragen:

Urheber (Autoren)
▶ Wer hat die Seite veröffentlicht? Wer ist für den Inhalt verantwortlich?

Zweck der Seite
▶ Mit welchem Hintergrund wurden die Informationen veröffentlicht?
▶ Welche Zielgruppe soll angesprochen werden?

Aufmachung der Seite
▶ Ist die Aufmachung der Seite seriös (Farbe, Layout, Gestaltung)?
▶ Ist auf der Seite Werbung zu finden? Welche? Ist sie deutlich vom Text getrennt?
▶ Sind Inhalte sachlich und neutral geschrieben?

Aktualität
▶ Wann wurde die Seite zuletzt überarbeitet? Beachte die Jahresangabe!

Richtigkeit des Inhalts
▶ Lassen sich die Aussagen überprüfen?
▶ Stimmen die Informationen mit anderen Quellen, die du recherchiert hast, überein?
▶ Auf welche anderen Quellen wird verwiesen (z. B. durch Links)?
▶ Gibt es Kommentare von anderen Nutzern (z. B. zur Qualität oder Zuverlässigkeit)?

ACHTUNG: Angabe von Informationsquellen und Urheberrecht

Möchtest du recherchierte Informationen oder Medien wie z. b. Texte oder Bilder weiter verwenden, musst du das Urheberrecht beachten.

Das bedeutet, dass du zunächst prüfen musst, ob du das Material weiter verwenden darfst.

Gerade bei Bildmaterial ist es daher die einfachste Möglichkeit, wenn du das Bildmaterial selbst erstellst. Du bist dann dein eigener Urheber.

Probier es mal aus. Hole dein Smartphone raus und los!

▶ Weitere Hinweise zum Urheberrecht, sicheren Surfen und Suchen findest du auf den Seiten der Initiative Seitenstark und des Internet-ABC.

GO WEB

Digitale Instrumente zur Visualisierung deines Geschäftsmodells

Die Gründung deines Unternehmens ist ein großes Projekt. Um anderen Menschen (z. B. deinen Kunden, deinem Lehrer) deine Ideen zu zeigen, ist es am besten, diese in Bildern wiederzugeben, zu visualisieren. Ein Bild sagt mehr als tausend Worte! Es kann also gemalt, designt und gefilmt werden. Lerne digitale Instrumente kennen!

Digitale Gründungsvorhaben auch ohne Programmierkenntnisse starten! - MOCKUPS

Viele Geschäftsmodelle basieren inzwischen auf Software oder mobilen Anwendungen. Aber sollte man Programmierer Zeit (= Geld) auf etwas verwenden lassen, was noch eine „Idee" ist und vielleicht in zwei Wochen ganz anders aussehen wird?

Vielleicht doch nicht so klug. Eine einfache Antwort lautet: Mockups. Du zeichnest einfach auf, wie die App einmal aussehen soll. Für jeden Schritt zeichnest du auf, wie der Bildschirm aussehen könnte - zu Anfang können manche Flächen noch Platzhalter sein und erst später gefüllt werden.

Einfache Layouts kannst du selbst herstellen und baust direkt ein Modell deiner App oder Website. In der folgenden Gründer-Story siehst du, wie die NFTE Schülerin Maren Küppers erfolgreich Mockups eingesetzt hat, um mit ihrem Vorhaben, eine App zu entwickeln, zu starten. Aus ihrem ersten Namen "Clickwarte" ist, wie du gleich sehen wirst, im Laufe der Arbeit am Geschäftsmodell der neue Name "Clickbus" für ihre App geworden.

Eine körperlich behinderte NFTE Schülerin entwickelt eine App zur Alltagserleichterung – Maren Küppers stellt sich und „Click&Help" vor

In der 9. Klasse musste ich mich zwischen den Schulprofilen „NFTE" und „Gesundheit und Soziales" entscheiden. Ich wählte NFTE, weil sich der Kursinhalt spannender anhörte und mich neugierig machte.

Schon sehr bald war mir klar, dass ich Produkte entwickeln und Vereinbarungen treffen wollte, um Menschen mit Behinderung den Alltag zu erleichtern. Denn ich bin selber ein solcher Mensch und kenne daher die Probleme genau.

Das Unternehmen **„Click&Help"** soll behinderten bzw. motorisch eingeschränkten und alten Menschen helfen. Mein Startprodukt ist die App **„Clickbus"**. Es hat die Aufgabe, ein Signal an den gewünschten Bus zu schicken. Das Signal soll dem Busfahrer signalisieren, dass die sich nähernde Person den Bus schon sehen kann und in wenigen Sekunden da ist – und dass er kurz warten soll.

So fährt der Bus dem Menschen mit Behinderung nicht mehr vor der Nase weg, wie ich es selbst schon so oft erlebt habe. Manchmal war ich zu langsam und musste dann 1 Stunde warten oder die 5 km zur Schule laufen. Der „Clickbus" soll verschreibungspflichtig sein, und der Benutzer/die Benutzerin muss registriert sein. Geplant ist eine Zusammenarbeit mit Busunternehmen und Krankenkassen. Für das Produkt wird durch Flyer und Vermittlung der Busunternehmen, in Reha-Kliniken, Altersheimen, Sozialämtern und Krankenkassen geworben.

Nach einer Erprobungsphase des „Clickbusses" will ich die App tatsächlich vertreiben und plane zusätzlich weitere Produkte.

Als wir am Ende des Kurses beim Erstellen des Businessplans waren, hat mein NFTE Lehrer, der mich wirklich sehr motiviert und unterstützt hat, uns alle gefragt, ob einer beim Landes-Wettbewerb mitmachen möchte. Für mich war von Anfang an klar, dass ich das will. Mein Lehrer hat mir wirklich sehr geholfen und war immer ein toller Ansprechpartner.

Ich würde sagen, dass mein Leben sich langsam verändert hat, von dem Tag an, an

Jung, kreativ, Entrepreneur!

dem wir angefangen haben, den Businessplan zu erstellen. Am Anfang des Kurses und des Wettbewerbes war ich zwar schon selbstbewusst und wusste, wie ich mich mit meiner Behinderung durchsetzen kann, aber es fehlte etwas ganz Wichtiges, was ich durch das NFTE-Programm gelernt habe und wofür ich unglaublich dankbar bin:

Mir fehlte die Selbstliebe – sich erlauben zu dürfen, dass man gut und gleichwertig ist, wie man ist, und stolz sein zu dürfen auf sich und das, was man macht.

Vorher war ich mir als Last vorgekommen und nicht als eine hilfreiche, nützliche Person. Gegenüber Gleichaltrigen hatte ich in der neunten Klasse (gefühlt) kein Gesicht. Durch meine guten Noten besaß ich bei ihnen wahrscheinlich schon eine Art Gesicht, aber ich persönlich fühlte mich, als Maren, außerhalb der Notensituation anders und irgendwie unwichtig. Das hat sich seitdem längst geändert.

Als ich beim Niedersachsen-Event war und, obwohl ich nicht gewonnen hatte (2. Platz), doch eingeladen wurde, nach Berlin zum Bundesevent reisen zu dürfen, arbeitete ich richtig hart an dem Businessplan. Ich wollte in Berlin nicht nur teilnehmen, sondern gewinnen.

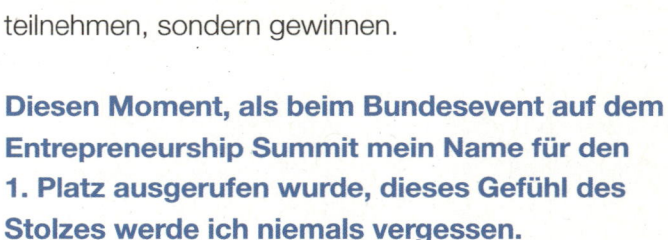

Diesen Moment, als beim Bundesevent auf dem Entrepreneurship Summit mein Name für den 1. Platz ausgerufen wurde, dieses Gefühl des Stolzes werde ich niemals vergessen.

Aber auch schon vorher hatte ich für mich persönlich schon ganz viel Positives entwickelt.

Ich habe mit dem Chef der Wolfsburger Verkehrs-GmbH einen Termin gehabt, und er ist seitdem mein Unternehmenspartner.

Mit einer anderen Firma habe ich schon wegen des IT-Konzeptes geredet. Diese Erfahrungen hätte ich ohne das NFTE-Programm nicht gehabt. Der erste Preis und dann sogar die Reise nach New York, das war natürlich das I-Tüpfelchen und eine tolle Erfahrung. Ich habe etwas sichtbar erreicht.

JUNG, KREATIV, ENTREPRENEUR!

Aber auch die Zeit vor New York war schon voller guter Entwicklungen. Ich war vor dem Bundesevent nicht besonders gut in Englisch. Aber dass ich durch NFTE und den Sieg mit meiner Geschäftsidee auf dem Global Showcase in New York auf Englisch eine Präsentation zu halten hatte, hat mich ganz stark motiviert, intensiv Englisch zu lernen.

Mit Hilfe eines Nachhilfelehrers habe ich den Businessplan auf Englisch umgestellt – es war, als hätte ich mein Leben auf Englisch umgestellt. Inzwischen hatte ich meine mündliche Prüfung in Englisch und habe eine zwei als Note bekommen. Wenn ich nur an mein Englisch vor einem Jahr denke ... einfach nur irre, was NFTE bei mir bewegt hat.

Jetzt bin ich nach Hamburg umgezogen und besuche dort eine weiterführende Schule. Ich arbeite weiter an meinem Projekt und versuche Wege zu finden, wie ich meine Idee am besten realisieren kann. Mein Unternehmenspartner, die Wolfsburger Verkehrs-GmbH, will mit mir den „Clickbus" realisieren, aber es wird noch etwas dauern, bis der Clickbus umgesetzt sein wird. Den „Clickbus", über den ich mit einem weiteren IT-Entwickler gesprochen habe, und den ich dann auch verwirklichen will, wird teurer als zuerst gedacht – wahrscheinlich wird er mehr als 100.000 € kosten.

Auch wenn ich nicht immer weiß, was ich am besten als nächsten Schritt machen werde, höre ich nicht auf. Nicht immer läuft alles perfekt und man lernt mit seiner Idee. Immer nach dem Motto „Learning by doing!". Schließlich habe ich vorher noch nie so ein Projekt gehabt.

Außerdem habe ich schon so viel Spannendes erlebt und Dinge geschafft, die ich früher nie für möglich gehalten hätte: Ich habe durch das NFTE Projekt mit Chefs, Managern und IT-Entwicklern gesprochen.

Auch in New York habe ich einen wichtigen Kontakt gefunden und fand es einfach eine tolle Erfahrung junge Leute aus der ganzen Welt kennenzulernen.

Für mich selbst habe ich durch die Arbeit an meiner Unternehmensidee ganz viel gewonnen.

Träume können wahr werden: mein Fallschirm-Tandemsprung!

Erkläre es digital! – Erklärfilme

Was ist ein Erklärfilm?

Diese Frage lässt sich schnell beantworten. Ein Erklärfilm erklärt anschaulich und einfach komplizierte Sachverhalte. Er beschreibt zum Beispiel knapp das Produkt oder die Dienstleistung des Entrepreneurs und den Nutzen für Kundinnen und Kunden.

Oft wird dazu eine kleine Geschichte erzählt, Auf Englisch nennt man das **"Storytelling"**. Erklärfilme sind eine Erweiterung zum in Kap. 7 vorgestellten "Video-Prototyping". Sie sind dann besonders hilfreich, wenn viele Informationen in kurzer Zeit ohne großen Aufwand und kostengünstig erklärt werden sollen.

Ein tolles Beispiel für einen Erklärfilm, der dich auch gleich noch auf wichtige Punkte in Sachen **Urheberrecht** aufmerksam macht, findest du hier:

GO WEB
www.nfte.de/buch/kap10

Ein guter Erklärfilm zeichnet sich durch eine einfache Sprache, einfache Bilder und klare Geschichte aus.

Außerdem sollte die Dauer des Videos nicht länger als fünf Minuten sein. Das ist leichter gesagt als getan! Fasse dich so kurz wie möglich! Überlege was wirklich wichtig ist und versuche auf Ausschweifungen und Details zu verzichten.

Verwende eine einfache Schreibweise und kurze Sätze im Skript für deinen Erklärfilm.

Skript für einen Erklärfilm		Zeit
Die Ausgangssituation Das Problem sollte authentisch (wahr) sein: Beschreibe nur den Kern des Problems (nicht alles, was daran problematisch ist).	Fasse hier kurz das Problem, die Sorge oder Herausforderung zusammen. An dieser Stelle empfiehlt sich die Verwendung einer Hauptfigur, die im Fokus steht und mit der sich die Zuschauenden identifizieren können. Deshalb überlege dir auch, wer die Zielgruppe deines Erklärfilmes sein soll.	**Akt 1:** Länge ca. 35% der Zeit
Die Lösung (muss nicht gleich perfekt sein, kann aber ein erster Schritt sein), aber bitte immer im Ton positiv bleiben!	An dieser Stelle nennst du die Lösung zu dem vorher genannten Problem. Du kannst auch kurz auf mögliche Veränderungen aufgrund des Problems eingehen. Achte aber darauf, dass dies ebenfalls so kurz wie möglich geschildert werden soll.	
Die Erklärung Wie oder warum funktioniert die Lösung? Wie bist du dazu gekommen?	Hier kannst du dich etwas mehr austoben. Beschreibe etwas ausführlicher den Aufbau, die Funktionsweise oder den Ablauf deiner Lösung bzw. des Themas, welches du erklären möchtest.	**Akt 2:** Länge ca. 45% der Zeit
Der Gewinn Welchen Nutzen bringt die Lösung?	Fasse nun am besten in einem Satz zusammen, welchen Nutzen die Hauptfigur durch die Lösung erhält.	
Die Zusammenfassung Fasse hier kurz zusammen!	Spanne nun durch eine kurze Zusammenfassung einen Bogen zu der Ausgangssituation.	**Akt 3:** Länge ca. 20% der Zeit
Call to Action (Starkes Schlusswort)	Aktiviere deine Zuschauer durch eine Frage oder Aufforderungen.	

Hinweise zur Produktion deines Erklärfilmes

Du hast nur wenig Zeit, um ein Video fertig zu stellen. Deshalb befolge diese Hinweise genau:

▶ Schreibe keinen Fließtext als Skript, sondern führe die Hauptpunkte als Stichpunkte aus.

▶ Lies die "Story" beim Filmen nicht ab, sondern improvisiere frei sprechend.

▶ Zeichne Darsteller und andere Elemente deiner Geschichte (z. B. Häuser, Tiere, Wolken, etc ...) auf Papier oder Pappe, um die Geschichte zu dramatisieren und schneide sie aus.

▶ Zeichne die Story-Elemente nicht zu detailliert: Groß und klar ist besser als klein und detailreich.

▶ Beginne einfach ein Video aufzunehmen, anstatt viel Zeit mit der Planung zu verbringen – jede Aufnahme dauert maximal 1 Minute und nach 3-4 Aufnahmen bist du fertig.

▶ Hole dir Hilfe bei anderen Personen. Wenn z. B. eine Person filmt, eine andere die ausgeschnittenen Story-Elemente bewegt und eine dritte Person spricht, geht es einfacher von der Hand, als wenn du alles gleichzeitig machen musst. Genauso wie beim "Video-Prototyping".

▶ Der/die Sprecher/in sollte langsam und deutlich sprechen, aber nicht langweilig klingen.

Digitale Instrumente zum gemeinsamen Arbeiten

Falls du im Laufe deiner Arbeit merkst, dass du zur Verwirklichung deiner Geschäftsidee Mitgründerinnen/Mitgründer bzw. Mitarbeiterinnen/Mitarbeiter brauchst, lernst du jetzt hier schon einmal Instrumente zum gemeinsamen digitalen Arbeiten kennen.

Wie kannst du in einer Gruppe kommunizieren, obwohl ihr alle an verschiedenen Orten wohnt? Per Mail und Telefon? Wahrscheinlich.

Möglicherweise werden Nachrichten über einen Instant Messenger (wie z. B. WhatsApp, Facebook Messenger, Skype oder Hoccer) ausgetauscht oder ihr macht Videokonferenzen über Skype. Wie gut der Austausch von Informationen klappt, entscheidet wesentlich über den Erfolg einer Teamarbeit.

Hier findet ihr eine Übersicht von ausgewählten Instrumenten zum Ausprobieren.

Instrument	Chat-Instrumente	Instrumente zur Arbeitsorganisation	Instrumente zum parallelen Arbeiten
Vorteile	▶ Effizientere Kommunikation innerhalb eines Teams durch Ersatz von E-Mails ▶ Gesprächsverlauf kann nachvollzogen und durchsucht werden ▶ Dateien und Links können verknüpft werden	▶ Aufgabenverteilung ist für jedes Teammitglied transparent ▶ Aktueller Arbeitsstand kann nachvollzogen werden	▶ Personen können zeitgleich zusammen an einem Dokument arbeiten ▶ Vermeidung von verschiedenen Versionen ▶ Datensicherung in der Cloud
Nachteile	▶ Bei großen Gruppen möglicher Verlust der Übersichtlichkeit von Chat-Verläufen	▶ Alle Teammitglieder müssen das Instrument nutzen, damit es seinen Nutzen entfaltet ▶ Es erfordert etwas Disziplin, deinen eigenen Arbeitsstand zu dokumentieren	▶ Änderungen sind durch alle Personen möglich, wenn man die Freigaberechte nicht entsprechend bearbeitet ▶ Limitierte Formatierungsmöglichkeiten
Beispiele	**slack.com:** Slack ist ein Instant Messenger. Nutzer können für ein Thema einen "Channel" eröffnen und darin entsprechende Nachrichten und Dateien austauschen.	**trello.com:** ist eine digitale To-Do-Liste. Mit Hilfe von Karten können Aufgaben (engl. ToDo's) in Listen organisiert und Personen zugewiesen werden.	**Google Drive:** bietet ein Textbearbeitungs-, Tabellen- und Präsentationsprogramm an, mit dem zeitgleich gearbeitet werden kann. Es können ebenfalls andere Dateitypen (bspw. Word-Dateien) hochgeladen und geteilt werden.

Wählt gemeinsam ein Instrument aus. Es gibt viele Möglichkeiten. Keines der Instrumente ist perfekt, deswegen ist es gut, sich ein paar Überlegungen darüber zu machen, was ihr wirklich braucht. Aber überlegt nicht zu lange, sonst fangt ihr nie an.

Digitales Zusatzmaterial

▶ Da sich die digitale Welt rasend schnell verändert und ständig Neues entsteht, kann ein gedrucktes Buch dir nur einen sehr kleinen, momentanen Ausschnitt mit einigen ausgewählten Informationen bieten.

▶ Deshalb findest du im Web ausführliches, herausforderndes Zusatzmaterial mit Links, Hinweisen, Informationen und weiteren Aufgaben.

▶ Gerade beim Thema Digitalisierung lohnt es sich für dich besonders, dich immer einmal wieder in das digitale Zusatzmaterial zum Kapitel hineinzuklicken.

▶ So entgehen dir keine nützlichen neuen Infos, die du brauchst, wenn du an einem digitalen Geschäftsmodell erfolgreich arbeiten willst.

GO WEB
www.nfte.de/buch/kap10

ZUSAMMENFASSUNG UND AUFGABEN

I. Informationen im Internet aufzuspüren und richtig zu verwenden, ist nicht ganz einfach.

A. Suchmaschinen helfen dir, die richtigen Informationen im Internet aufzuspüren.

B. Im Internet gilt das Urheberrecht für die Verwendung von Medienquellen wie Bilder, Texte, etc. Wenn du Fotos oder Grafiken aus dem Internet verwenden willst, musst du dich vorher rechtlich schlau machen, ebenso wenn du eine Website erstellst.

II. Es gibt verschiedene Arten, dein Geschäftsmodell zu visualisieren.

A. Mockups helfen dir, auch ohne Programmierkenntnisse ein digitales Geschäftsmodell zu starten.

B. Erklärfilme erklären anschaulich und einfach, wie du bestimmte Probleme und Herausforderungen lösen willst - manchmal ist das besser als viele Worte.

III. Es gibt verschiedene Instrumente, die das digitale Arbeiten im Team unterstützen können.

A. Wähl zusammen mit einem Team das für euch geeignete Instrument aus. Probiert etwas herum, bis ihr das beste Instrument für euch gefunden habt.

B. Setzt euch gemeinsam Regeln für die Arbeit mit digitalen Instrumenten.

AUFGABEN

1 / ★ - BASIC

Stell dir vor, du möchtest zu deinem Geschäftsmodell eine Homepage erstellen. Nimm Papier, Schere und Kleber und erstelle dazu ein erstes Mockup. Du kannst Platzhalter für Inhalte verwenden oder schon einen Text oder Beispielbilder z. B. aus Zeitschriften einfügen.

2 / ★ ★ - GO ON

Diskutiere dein Mockup aus Aufgabe 1 im Kurs. Was gefällt den anderen? Was für Änderungsvorschläge haben sie? Erstelle dann einen verbesserten Entwurf.

GO WEB

3 / ★ ★ - GO ON

Recherchiere mit Hilfe einer Suchmaschine Wettbewerber zu deinem Geschäftsmodell. Benutze dabei die Checkliste (S.143), um die Glaubhaftigkeit deiner Quellen zu prüfen.

4 / ★ ★ ★ - WOW

Es gibt diverse Software-Programme zur Herstellung von Erklärfilmen aller Art. Erstelle (z. B. mit Hilfe der kostenlosen Version von mysimpleshow) einen Erklärfilm zu deinem Geschäftsmodell. Führt euch im Kurs eure Filme gegenseitig vor und bewertet sie.

Die Wirtschaftlichkeit eines Unternehmens

Kapitel 11

Lernziele

Wenn du dieses Kapitel gelesen und die Übungen ausgeführt hast, kannst du:

- ☑ die Gründungskosten bestimmen,
- ☑ den Unterschied zwischen fixen und variablen Kosten erklären,
- ☑ den Deckungsbeitrag einer Einheit und den Gesamtdeckungsbeitrag bestimmen,
- ☑ die Besonderheiten der Kosten in digitalen Geschäftsmodellen erkennen,
- ☑ eine Gewinn- und Verlustrechnung erstellen,
- ☑ genaue Aufzeichnungen deiner Einnahmen und Ausgaben machen und
- ☑ Belege und Rechnungen korrekt verwenden.

> "Um schwimmen zu lernen, muss ich ins Wasser gehen, sonst lerne ich nichts."
>
> — August Bebel, Mitgründer der Sozialdemokratischen Arbeiterpartei

Die vier Bereiche eines Unternehmens

Fast jedes Unternehmen besteht aus vier grundlegenden Teilbereichen. Auch wenn es manchmal andere Worte für diese Bereiche gibt, so müssen doch alle Unternehmen die folgenden Aufgaben organisieren:

▶ **Die Produktion oder die Bereitstellung einer Dienstleistung**

Die Planung, Herstellung oder Beschaffung des Produktes bzw. Organisation der Dienstleistung.

▶ **Die Ermittlung der Kosten und die Finanzierung**

Das Verfolgen der Einnahmen und Ausgaben, der sparsame Umgang mit den finanziellen Mitteln und die Beschaffung zusätzlicher finanzieller Mittel.

▶ **Das Marketing**

Zum Marketing zählen die Entwicklung der Werbung, um das Interesse der Kunden für das Produkt oder die Dienstleistung zu wecken, sowie die Betreuung der Kunden, nachdem ein Produkt bzw. eine Dienstleistung verkauft wurden.

▶ **Die Verwaltung**

Dazu gehören zum Beispiel die Betreuung der Mitarbeiter, verantwortungsvoller Umgang mit Unterlagen und die Kommunikation mit Behörden.

Dieses Kapitel widmet sich den Finanzen, der Welt der Zahlen. Aber keine Angst. Die Finanzen eines Unternehmens sind keine Hexerei. Um mit einem Unternehmen Gewinn zu machen, muss die Gründerin/der Gründer allerdings alle Kosten kennen.

Und nebenbei lernst du gleich so gut mit Geld umzugehen, dass du auch, selbst wenn du kein Unternehmen gründest, viel für dich privat gelernt hast.

Hennings Marketing für osna.live ist durchdacht und professionell.

Besonders wichtig ist das "Magische Dreieck" der Finanzen:

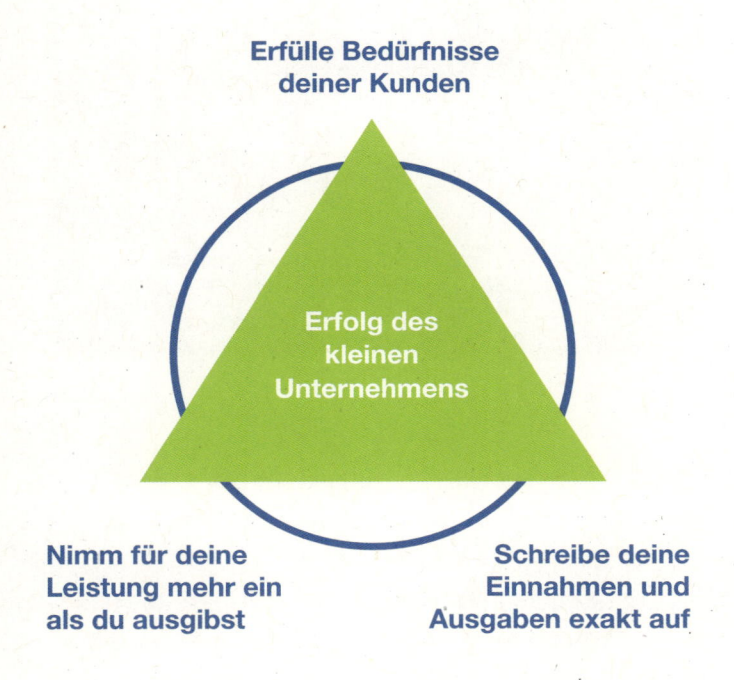

Erfülle Bedürfnisse deiner Kunden

Erfolg des kleinen Unternehmens

Nimm für deine Leistung mehr ein als du ausgibst

Schreibe deine Einnahmen und Ausgaben exakt auf

Für dein Unternehmen lernst du in Kapitel 11 die wichtigsten Grundbegriffe der Finanzwelt kennen[1]:

▶ **Variable Kosten**
(Kosten einer Einheit, auch direkte Kosten genannt)

▶ **Fixkosten**
(auch Gemeinkosten genannt)

▶ **Gewinn- und Verlustrechnung**
(auch GuV)

▶ **Finanzierung**
(wird in Kap. 12 behandelt)

Jeder Entrepreneur muss seine Kosten decken

Unternehmen verdienen Geld, indem sie Produkte oder Dienstleistungen verkaufen. **Aber nur wenn die Einnahmen aus den Verkäufen größer sind als die Kosten, macht ein Unternehmen Gewinn.** In diesem Kapitel wirst du etwas über die Kosten lernen, die anfallen, um Produkte oder Dienstleistungen herzustellen und das Unternehmen zu gründen und zu betreiben.

---

[1] Es gibt eine große Zahl von unterschiedlichen Kostensystematisierungen. Sie wurden wurden für den NFTE Kurs von Wirtschaftsprofessoren vereinfacht, ohne an praktischem Nutzen einzubüßen.

Die Kosten eines Unternehmens teilen sich in folgende Kategorien:

▶ **Variable Kosten/Kosten der verkauften Einheit**

▶ **Fixe Kosten/Betriebskosten**

▶ **Einmalige Entwicklungs- und Gründungskosten**

Was ist die Verkaufseinheit eines Unternehmens?

> eine Einheit = eine Tafel/ Riegel von „Energy squad"
> ähnlich zu dem Aufbau einer Tafel Schokolade (Kachelsystem)

4 Stücke
6 Stücke
100 Kcal x (4 x 6) = 2400 Kcal pro Tafel

Um die Wirtschaftlichkeit seines Unternehmens zu betrachten, muss der Entrepreneur die **„Verkaufseinheit"** definieren.

Die Verkaufseinheit ist die Leistung, für die der Kunde/die Kundin bezahlt. Bei einem "Hot Dog" Stand ist es gar nicht so schwer: Ein "Hot Dog" ist eine Einheit. Bei digitalen Produkten ist z. B. der Download eines Songs eine Einheit. Und bei Computer- oder Tanzkursen ist es der Kurs (z. B. 4 x 1 Std).

Wenn du Dienstleistungen stundenweise anbietest, z. B. eine Stunde Babysitten oder Rasenmähen, oder aber einen Haarschnitt, dann ist die von dir zur Verfügung gestellte Zeit (= Stunde) eine Einheit.

Aber wie ist es bei einem Schülercafé bzw. einem Restaurant? Jeder Kunde bestellt etwas anderes. Wie kann der Entrepreneur die Einheit bestimmen? Für Restaurants und andere Unternehmen, die mehr als ein Produkt verkaufen, ist es dann sinnvoll, mit einem durchschnittlichen Warenkorb oder dem durchschnittlichen Umsatz pro Kunden zu rechnen.

In einem Schülercafé kann z. B. ein Getränk (ein Glas Wasser oder Saft bzw. eine Tasse Kaffee oder Tee) und ein Stück Kuchen als durchschnittliche Bestellung angenommen werden (den Umsatz, den das Unternehmen mit einem durchschnittlichen Kunden macht nennt man auch **„Durchschnittsbon"**). In Restaurants gilt daher der „Durchschnittsbon" (der durchschnittliche Umsatz eines Kunden) als Einheit.

Der Unterschied zwischen Absatz und Umsatz

Zunächst soll der Unterschied zwischen Absatz und Umsatz erklärt werden. Stell dir vor, ein Schüler verkauft Schlüsselanhänger. Er hat 25 Schlüsselanhänger verkauft, sein **Absatz** beträgt 25 Stück.

Für jeden Schlüsselanhänger verlangt er 4 €, sein **Umsatz** (= die Einnahmen) ist also 25 x 4 € = 100 €. Den Absatz gibt der Entrepreneur in Einheiten der verkauften Waren an.

Den Umsatz (Absatz x Preis = Umsatz) gibt er in Geld an, z. B. Euro oder Dollar. Dieser Unterschied ist wichtig!

Variable Kosten/Kosten der verkauften Einheit

Als Kosten der verkauften Einheit gelten die Anschaffungskosten für die Ware (z. B. T-Shirts) und die Material- (z. B. Paletten) und Arbeitskosten, wenn sie der Einheit direkt zugerechnet werden können. Bei NFTE nennen wir sie **„Variable Kosten"**.

Wenn man kein Produkt oder keine Dienstleistung erstellt, fallen auch keine Kosten an. Kosten, die nur bei einem Auftrag entstehen, heißen variable oder direkte Kosten.

Sie können der jeweiligen verkauften Einheit direkt zugerechnet werden.

Bei einem T-Shirt-Handel ist es nicht besonders schwierig, die Kosten einer Einheit zu bestimmen. Wenn der Entrepreneur seinem Lieferanten 5 € für ein T-Shirt bezahlen muss, und das T-Shirt dann unverändert auf dem Weihnachtsmarkt verkauft, dann sind diese 5 € die variablen Kosten einer Einheit.

Die Kosten pro verkaufter Einheit bei einem Sandwich sind also die Kosten für das Brötchen, die Butter, den Käse, das Salatblatt und die mitgegebene Serviette. In diesem Beispiel addieren sich die Kosten für ein Brötchen (10 ct), die Butter (2 ct), den Käse (60 ct), das Salatblatt (2 ct) und eine Serviette (2 ct) zu 76 ct auf. Die variablen Kosten für das Sandwich liegen also bei 76 ct je Stück.

Digitale Produkte haben häufig nur sehr niedrige variable Kosten.

Wenn du eine App programmiert hast und sie auf deiner eigenen Homepage zum Verkauf anbietest, dann ist es für dich und deine Finanzen kaum ein Unterschied, ob 2 oder 200 Kunden die App herunterladen. Nur wenn du sie über einen App-Store anbietest, wird dieser für jede verkaufte Einheit eine Provision berechnen. Diese Provision zählt zu deinen variablen Kosten. Die Kosten für den Entwicklungsprozess der App werden wir im Abschnitt zu den fixen Kosten wieder aufgreifen.

Beispiel: Variable Kosten einer Dienstleistung

Wie können die Kosten einer Dienstleistungseinheit berechnet werden? Wenn eine Schülerin/ein Schüler einen Computerkurs für eine einzige ältere Dame macht, dann stellt sich zunächst die Frage, "Was ist bei dieser Dienstleistung eine Einheit?"

Eine Stunde? Ein Kurs? Wie viele Teilnehmer hat der Kurs? Die Kalkulation könnte wie folgt aussehen:

Die Schülerin legt fest, dass ein vierstündiger Kurs eine Einheit ist. **Kursdauer 4 x 1 Stunde = 4 Stunden**

Für sich kalkuliert sie einen Stundenlohn von 7 €. Dabei orientiert sie sich an ihren alternativen Verdienstmöglichkeiten (z. B. Lagerarbeit im lokalen Discounter zu 7 €/Std.[2])   = 28,00 €

Materialverbrauch (1 Ordner je Kundin zu 3,00 €, 20 Kopien à 10ct)   = 5,00 €

▶ **Die Kosten der Einheit "Computerkurs" belaufen sich auf**   = 33,00 €

[2] Bei einem minderjährigen Schüler muss ein Unternehmen noch keinen Mindestlohn zahlen.

Ein anderes Beispiel für einen Dienstleistungsbetrieb kann z. B. eine Webdesign-Agentur sein. Sie verkauft in erster Linie die Arbeitskraft ihrer Mitarbeiter.

Wenn die Mitarbeiter nur für den bearbeiteten Auftrag bezahlt werden (also kein festes Gehalt bekommen), zählen die Arbeitszeitkosten für die geleisteten Arbeitsstunden zu den variablen Kosten, denn sie fallen nur an, wenn ein Auftrag vorliegt.

Die Kosten, die unabhängig davon sind, wie viele Aufträge eingehen (z. B. Miete, Webhosting, Werbung), zählen zu den fixen Kosten - aber darüber mehr im nächsten Abschnitt.

Fixe Kosten/Betriebskosten

Die **Fixen Kosten/Betriebskosten** eines Unternehmens sind die Kosten, die entstehen, um es zu betreiben und zu verwalten. Betriebskosten (auch „overhead" genannt) werden immer auf einen bestimmten Zeitraum bezogen, zumeist Monat und Jahr. Sie heißen „fix", weil sie nicht von der von dir verkauften Produktanzahl bzw. der Anzahl der erbrachten Dienstleistungen abhängen.

Sie können meistens auch nicht einer verkauften Einheit direkt zugerechnet werden. Obwohl für jedes Unternehmen ganz eigene Fixkosten/Betriebskosten entstehen, können sie fast immer in die folgenden Kategorien unterteilt werden:

▶ **Kommunikationskosten (Telefon, Internet),**

▶ **Miete und Energie (Gas, Elektrizität),**

▶ **Werbung,**

▶ **Porto,**

▶ **Büromaterial,**

▶ **Kontogebühren,**

▶ **Versicherung und Zinsen.**

Deckungsbeitrag und Breakeven-Punkt

Jedes Produkt und jede Dienstleistung sollte mit dem Umsatz mehr als die variablen Kosten erlösen und somit zur **Deckung der Fixkosten** beitragen.

Um den **Deckungsbeitrag** je verkaufter Einheit zu ermitteln, musst du also die variablen Kosten vom Umsatz, den du durch den Verkauf erzielt hast, abziehen. Die Differenz steht dem Entrepreneur zur Verfügung, um die fixen Kosten zu decken – daher der Name "Deckungsbeitrag".

Noch einmal unser "Sandwich"-Beispiel: Die variablen Kosten haben wir mit 76 ct berechnet. Wenn das Sandwich nun für 1,95 € verkauft wird, dann beträgt der Deckungsbeitrag dieser Einheit 1,19 €. Dieser Betrag heißt Deckungsbeitrag, weil er dazu beiträgt, die fixen Kosten zu decken.

Den Deckungsbeitrag pro Stück zu kennen, ist also für jeden Entrepreneur sehr wichtig. Denn nur wenn der Deckungsbeitrag pro Stück positiv ist, kann das Unternehmen insgesamt Gewinn machen. Ist aber schon der Deckungsbeitrag pro Stück negativ, kann das Unternehmen nicht mehr profitabel werden, egal wie viel es verkauft.

Aber wie viele Einheiten musst du verkaufen, um alle Fixkosten zu decken? Diese Frage beantwortet der Breakeven-Punkt (BEP), auch Gewinnschwelle genannt.

> **Break-Even Punkt (BEP)**
>
> $$\frac{\text{Fixkosten}}{\text{Deckungsbeitrag je Einheit}} = \text{Break-Even Punkt}$$

Der BEP ist die Absatzmenge, die du benötigst, um deine fixen Kosten zu decken. Lass uns das Sandwichbeispiel fortführen. Die Sandwichs verkaufst du für 1,95 € pro Stück. Sie kosten dich im Einkauf 76 cents. Jedes Sandwich trägt also mit 1,19 € zur Deckung der Fixen Kosten/Betriebskosten bei. Betragen deine fixen Kosten 70 € im Monat, musst du nun 70 € durch 1,19 € rechnen. Dann weißt du, dass du 59 Sandwichs verkaufen musst, um Gewinn zu machen. Der BEP für das Sandwich Unternehmen liegt bei 59 Stück.

Du wirst all diese Berechnungen und neuen Fachbegriffe noch besser verstehen, wenn du zusammen mit deiner Klasse beim Sandwichspiel alles praktisch ausprobiert hast.

Die entsprechenden Berechnungen über die Kosten pro Einheit (z. B. für Brötchen, Salat und Mayonnaise) könnt ihr gemeinsam in der Klasse an der Tafel zusammenstellen. Ziehst du die variablen Kosten pro verkauftem Sandwich von dem Preis ab, den eure Kunden zahlen, erhältst du den Deckungsbeitrag pro Stück.

Nachstehend findest du ein Beispiel für die Ermittlung des Deckungsbeitrags einer Webdesign-Auftrags:

Arbeitsleistung:
- Verkaufspreis: Neuerstellung einer einfachen Website mit kostenlosen Baukastensystem 100,00 €

Variable Kosten:
- Honorar pro Stunde = **10,00 € x 4 Stunden** 40,00 €
- Lizenzgebühr Bilder von einer Bildagentur 5,00 €

- Summe variable Kosten der verkauften Dienstleistungseinheit = **Arbeit + Material** 45,00 €

- Deckungsbeitrag = **Verkaufspreis – variable Kosten der verkauften Dienstleistung** 55,00 €

Entwicklungs- und Gründungskosten

Gründungskosten sind einmalige Kosten, die im Zusammenhang mit der Unternehmensgründung entstehen. Zu den **Gründungskosten** zählt alles, was du brauchst, um anzufangen. Stell dir vor, du möchtest einen Sandwich-Stand betreiben.

Du brauchst z. B. einen Verkaufsstand. Vielleicht musst du den gar nicht kaufen, sondern kannst dir zunächst einen Tapeziertisch von deinen Eltern leihen. Aber auch einmalige Ausgaben für Genehmigungen (z. B. Gesundheitszeugnis) und die Ausgaben für die **Erstausstattung mit Betriebsmitteln** gehören zu den Gründungskosten.

Sandwichspiel

Im Sandwichbeispiel gehören die Ausgaben für die erste Charge Messer und Teller und z. B. Tupper-Verpackungen und vielleicht sogar ein Kühlschrank zu den Gründungskosten.

Neben den Gründungskosten solltest du auch die **Entwicklungskosten** des Produkts bzw. der Dienstleistung betrachten. Wenn du dir ein neues Angebot überlegt, dann dauert es oft mehrere Wochen, und es müssen Prototypen gebaut oder programmiert werden. Dabei wird Material verbraucht, und oft passieren Fehlschläge und Irrtümer.

Bei digitalen Geschäftsmodellen sind die Entwicklungskosten zumeist recht hoch und entscheidend für den Erfolg. So kann eine App ja erst dann zum Download angeboten werden, wenn sie programmiert ist und ihren Zweck erfüllt. Digitale Geschäftsmodelle zeichnen sich dadurch aus, dass die Fixkosten hoch, die variablen Kosten dafür sehr niedrig sind. Bedenke: Es kommt häufig vor, dass den Kunden erst die zweite oder dritte Version des Angebots gefällt. Die Entwicklungskosten finanzieren die meisten Entrepreneure entweder aus ihren Ersparnissen oder über Verwandte (s. Kapitel 12 Finanzierung).

> Der Gewinn ist der Gesamtdeckungsbeitrag abzüglich der fixen Kosten. Gesamtdeckungsbeitrag - fixe Kosten = Gewinn bzw. Verlust

Gewinn

Das Ergebnis einer Wirtschaftlichkeitsbetrachtung ist eine Art Zeugnis für den Entrepreneur. Hat er gut gewirtschaftet, macht er Gewinn, d.h. seine Umsätze sind höher als die Summe seiner Kosten. Oder anders formuliert: Er oder sie verkauft mehr Einheiten als er zum Erreichen des Breakeven-Punktes benötigt. Damit übersteigt die Summe der Deckungsbeiträge seine fixen Kosten.

Die Gewinn- und Verlustrechnung (GuV)

Die **Gewinn- und Verlustrechnung** zeigt den Erfolg deines Unternehmens - deswegen wird sie manchmal auch Ergebnis- oder Erfolgsrechnung genannt. Sie wird immer auf einen bestimmten Zeitraum bezogen, zumeist auf den Monat, das Quartal oder das Jahr.

Die Kosten, die während dieses Zeitraumes angefallen sind, werden von den Umsätzen abgezogen.

Wenn die Einnahmen (ein anderes Wort für Umsatz) also größer sind als die Ausgaben, wird das Ergebnis der GuV positiv sein. Das beweist, dass das Unternehmen profitabel war. Wenn die Umsätze niedriger sind als die Ausgaben, dann wird das Ergebnis negativ sein und die GuV einen Verlust aufweisen.

VERHANDLUNGSSPIEL

In Kapitel 9 wurde bereits über die Festlegung des Verkaufspreises gesprochen. Bei dem Spiel hast du vielleicht erlebt, dass jeder Teilnehmer mit einem anderen Preis zufrieden sein kann.

Preise sind subjektiv, d.h. jeder Mensch empfindet etwas anderes als teuer oder billig.

Für die GuV spielt der Preis (Absatz x Menge) und die Analyse der variablen Kosten einer Einheit eine wichtige Rolle, daher lohnt es sich über den Verkaufspreis in Ruhe nachzudenken. Wenn du Verluste machst, kannst du überlegen, ob du den Preis erhöhen oder die Kosten senken kannst. So kann die Finanzanalyse dem Entrepreneur aufzeigen, welche Ursachen die Verluste haben könnten.

Dann kann er oder sie Maßnahmen ergreifen, um die Fehler zu korrigieren, bevor die Verluste des Unternehmes es in die Insolvenz zwingen können. Wie du schon gelernt hast, ist der Gewinn die Belohnung dafür, Ressourcen sparsam eingesetzt und die Bedürfnisse der Kunden erfüllt zu haben.

Es ist wichtig, dass du „deine Bücher" exakt führst, da du sie am Ende jedes Monats brauchen wirst, um deine Gewinn- und Verlustrechnung zu erstellen. Zum Kassenbuch erfährst du bald mehr.

Die "NFTE Gewinn- und Verlustrechnung (GuV)" besteht aus den nachstehenden Posten:

▶ **(A) Umsatz**
Die Geldsumme, die deine Firma für den Verkauf des Produkts oder der Dienstleistung einnimmt.

▶ **(B) Summe der variablen Kosten**
Die Summe der variable Kosten errechnet sich aus den verkauften Einheiten multipliziert mit den variablen Kosten je Einheit.

▶ **(C) Gesamtdeckungsbeitrag**
Der Umsatz abzüglich der Summe der variablen Kosten ist der Gesamtdeckungsbeitrag (Bruttogewinn). Dies ist nicht der End- oder Nettogewinn, da die fixen Kosten/Betriebskosten und die Steuern noch abgezogen werden müssen.

▶ **(D) Fixe Kosten/Betriebskosten**
Die Betriebskosten umfassen alle Ausgaben, die getätigt werden müssen, um ein Unternehmen zu betreiben. Hierzu zählen z. B. Unternehmerlohn, Werbeausgaben, Versicherung, Zinsen, Mieten und Abschreibungen.

▶ **(E) Gewinn vor Steuern**
Dies ist der Gewinn eines Unternehmens, der entsteht, nachdem alle Kosten von den Einnahmen abgezogen worden sind, aber noch bevor die Steuern gezahlt wurden.

▶ **(F) Steuern**
Ein Entrepreneur muss ab einem Gewinn von **8.820 € (Stand 2017)** Einkommenssteuern zahlen. Der Staat finanziert von den Steuern seiner Bürger/-innen bzw. der Unternehmen z. B. Kindergärten, Schulen, Straßen, Sozialleistungen und anderes mehr.

▶ **(G) Nettogewinn bzw. -verlust**
Dies ist der Gewinn oder der Verlust einer Firma, nachdem alle Kosten und Steuern beglichen wurden.

Die Gewinn- und Verlustrechnung gibt dir also Auskunft darüber, wie erfolgreich du bist. Exakte Aufzeichnungen zu führen ist wichtig!

Am Jahresende kann das Finanzamt von einem Entrepreneur eine Steuererklärung über seine/ihre Einnahmen und Ausgaben verlangen.

DER BIZTIPP

▶ **Du bist so lange von der Pflicht befreit, Steuern zu zahlen, wie der Gewinn deines kleinen Unternehmens 8.820 € im Jahr (Grundfreibetrag, Stand 2017) nicht überschreitet.**

▶ Wenn du Gewinn machst, prüfe rechtzeitig die Auswirkungen auf deine Familie (z. B. auf Kindergeld deiner Eltern).

▶ Da du zu Jahresbeginn deinen Umsatz nicht absehen kannst, hebe alle deine Rechnungen und Quittungen auf und stell dich darauf ein, jederzeit eine Steuererklärung abgeben zu können.

▶ Wenn dein Unternehmen so gewachsen ist, dass eine Steuererklärung nötig wird, wende dich an eine Steuerberaterin oder einen Steuerberater. Ggf. kann dir NFTE dabei helfen.

In diesem Kurs muss man **Aufzeichnungen über Einnahmen und Ausgaben** führen. Eine Einnahme heißt auch Eingangsbuchung und eine Ausgabe kann auch als Ausgangsbuchung bezeichnet werden. Du wirst das vereinfachte **Kassenbuch** in deinem Praxisheft dazu verwenden, deine Einnahmen und Ausgaben festzuhalten.

Einnahmen werden als ‚Bargeld erhalten', Ausgaben werden als ‚Bargeld ausbezahlt' eingetragen. Die sechs Spalten der linken Seite des Kassenbuches sind folgendermaßen bezeichnet:

1. **Datum**
2. **Erklärung**
3. **gezahlt an/erhalten von**
4. **Bargeld erhalten**
5. **Bargeld ausbezahlt**
6. **Saldo**

Eine notwendige Gewohnheit

Genaue Aufzeichnungen ermöglichen es, umsichtig mit Geld umzugehen. Je gescheiter man mit Geld umgeht, desto erfolgreicher wird man sein.

Im Geschäftsleben geht es um Geldfluss und als Entrepreneur muss man wissen, wie das Geld ausgegeben wird. Man muss wissen, wie viel man einnimmt und wie viel man ausgibt – und wofür.

Auf der linken Seite deines NFTE Kassenbuches werden deine Ein- und Auszahlungen vermerkt.

Verkaufst du dein Produkt oder deine Dienstleistung an eine Kundin/einen Kunden, gibst du ihm oder ihr immer eine **Rechnung**. Du wirst auch einen **Quittungsblock** kaufen müssen, bei dem es eine Rechnung und einen Durchschlag gibt. Wenn man etwas verkauft, bekommt der Kunde die obere Seite (das Original) als Quittung (Ausgabenbeleg). Den Durchschlag muss der Unternehmer als Rechnungskopie (Umsatzbeleg) aufheben.

Sobald der Kunde die Rechnung bezahlt hat, wird diese mit „bezahlt" gekennzeichnet. Sie ist auch der Beleg des Kunden. Man sollte jede Rechnung aufheben, normalerweise nach Nummern oder nach Kundennamen sortiert. Jede Rechnung, die vorbereitet und dem Kunden geschickt (oder gegeben) wird, muss als Einnahme verbucht werden, sobald der Kunde bezahlt hat.

Wichtig: Wenn deine Kunden das Produkt oder die Dienstleistung nicht sofort bezahlen, so nennt man dies eine Leistung „auf Ziel". Dann hast zwar Anspruch auf die Bezahlung, aber noch kein Geld in der Kasse. Du musst also, wenn du „auf Ziel" lieferst, eine Liste mit offenen Rechnungen führen. Nach 30 Tagen geraten deine Kunden automatisch „in Verzug" und du kannst nicht nur Mahngebühren erheben, sondern auch Verzugszinsen.

Aber merke: Es ist besser, gegen Bargeld zu liefern, denn die Überwachung einer offenen Rechnung ist aufwändig und unangenehm.

> **Auf der rechten Seite deines NFTE Kassenbuches wird die Art des Einkommens oder der Ausgabe erklärt.**

Man sollte jede Transaktion/jeden Vorgang zweimal eintragen – einmal auf der linken und einmal auf der rechten Seite. Wenn man zum Beispiel bei einem Verkauf Bargeld einnimmt, trägt man den Betrag unter „Bargeld erhalten" ein. Du trägst ihn auch unter „Einnahmen" ein. Wenn man Geld für betriebliche Aufwendungen wie zum Beispiel Flugblätter ausgibt, wird der Betrag unter „Bargeld ausbezahlt" vermerkt.

Man muss ihn auch unter „Betriebliche Aufwendungen" festhalten. Die rechte Seite hat folgende Bezeichnungen:

1. **Gründungs- und Anlaufkosten**
2. **Einnahmen**
3. **Kosten der verkauften Einheiten**
4. **Betriebskosten**

Verlange unbedingt für jeden Einkauf, den du machst, eine **Quittung**. Eine Quittung ist ein Beleg mit dem Datum und dem Betrag deines Einkaufs.

Man kann diese Quittung dafür verwenden, das Kassenbuch auszufüllen und benötigt die Quittung für die Steuererklärung (falls du eine abgeben musst). Die Quittung ist der Beweis, dass du diese Kosten bezahlt hast.

Der Saldo

Der **Saldo** (= das Ergebnis) des Kassenbuches wird berechnet, indem man die Gesamtausgaben von den Gesamteinnahmen abzieht. Das Geld, das man nach einem Geschäftstag wirklich in der Hand hat, sollte mit dem Saldo im Kassenbuch übereinstimmen.

Fixe Kosten / Betriebskosten im Monat
Miete
Energiekosten (Gas, Elektrizität)
Gehälter, Löhne
Kommunikationskosten (Telefon, Internet, Handy)
Werbung
Versicherungen
Zinsen
Abschreibungen
Sonstige fixe Kosten
Fixe Kosten / Betriebskosten im Monat
x 12 Monate
Summe Fixe Kosten / Betriebskosten im ersten Jahr

Auszug aus der NFTE GuV-Tabelle

Eine wichtige Hilfe

Wigbert Dehler, ein früherer NFTE Mitarbeiter, hat für euch eine Tabellenkalkulation programmiert, die euch hilft, alle Kosten und die GuV übersichtlich zu berechnen. Die Datei besteht aus drei Arbeitsblättern:

▶ eins für variable Kosten,
▶ eins für fixe Kosten (siehe Auszug oben) und
▶ eins, das automatisch die GuV berechnet.

1 / ★ - BASIC

Probier unbedingt aus, damit zu arbeiten! Du kannst z. B. prüfen, was passiert, wenn du den Verkaufspreis deines Produkts um 1 € erhöhst und siehst sofort die Auswirkung.

GO WEB
www.nfte.de/buch/kap11

DER BIZTIPP

▶ Du musst niemandem deine Kosten verraten. Wie viel du für dein Produkt bezahlst, so dass du es mit Gewinn verkaufen kannst, ist ein Betriebsgeheimnis.

▶ **Beispiel:** Wenn du ein Sandwich an deine Kunden für z. B. 2,50 € verkaufen willst, geht es niemanden etwas an, ob die Herstellung des Sandwichs dich 1,50 €, 1,80 € oder 2,00 € gekostet hat.

▶ Aber es gibt auch Unternehmen, die Transparenz wichtig finden. So legt z. B. die Teekampagne ihre Kalkulation im Internet für alle offen.

Beispiel: Davids Gewinn- und Verlustrechnung:

Wir kommen noch einmal auf die Schlüsselanhänger zurück und nennen unseren Entrepreneur David. Sagen wir, David stellt 25 Schlüsselanhänger mit einer kleinen Lampe zu einem Preis von 2 € pro Stück her und verkauft sie alle wieder zu einem Preis von 4 € das Stück.

Das bedeutet, er hat einen Umsatz von 100 € (25 Stück x 4 €). Er hat aber auch 24 € für Flyer ausgegeben, um für seine Schlüsselanhänger zu werben. Die Gewinn- und Verlustrechnung zeigt sehr schnell, ob er einen Gewinn gemacht hat oder nicht.

Konzentriert bei den Berechnungen

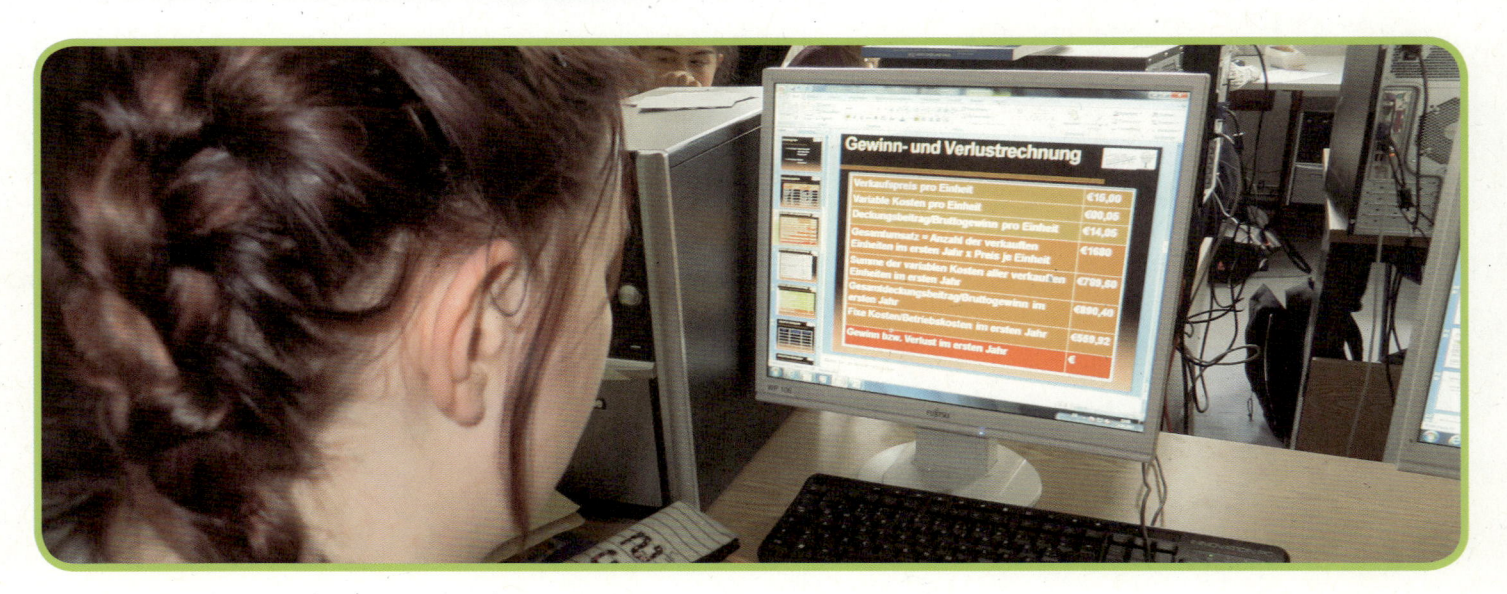

Davids Gewinn- und Verlustrechnung:

Die Berechnung

(A) Umsatz	100 €	**(A)**	25 Schlüsselanhänger x 4 €/Schlüsselanhänger = 100 €
(B) Summe der variablen Kosten	50 €	**(B)**	25 Schlüsselanhänger x € 2/Schlüsselanhänger = 50 €
(C) Gesamtdeckungsbeitrag	50 €	**(C)**	A - B = C | 100 € - 50 € = 50 €
(D) Betriebskosten / fixe Kosten	24 €	**(D)**	
(E) Gewinn vor Steuern	26 €	**(E)**	C - D = E | 50 € - 24 € = 26 €
(F) Steuern* (ca. 25 % vom Gewinn vor Steuern)	0 €	**(F)**	Steuern = 0 €
(G) Nettogewinn	26 €	**(G)**	E - F = G | 26 € - 0 € = 26 €

Davids Unternehmen war profitabel!

* Du musst keine Steuern zahlen, solange der Gewinn vor Steuern unter 8.820 € im Jahr bleibt.

Vermögensaufbau

Die Gewinn- und Verlustrechnung ist wie ein „Zeugnis" für dein Unternehmen. Wenn deine Unternehmung erfolgreich ist, wird deine Gewinn- und Verlustrechnung dies durch den Nettogewinn zeigen.

Der Gewinn gehört den Eigentümern. Gehört das Unternehmen einem Unternehmer oder einer Unternehmerin allein, dann erhält er/sie den gesamten Gewinn. Gehört das Unternehmen mehreren, so werden die Gewinne geteilt.

Wer wie viel von dem Gewinn erhält, ist abhängig davon, welchen Anteil der Gesellschafter (so nennt man Unternehmenseigentümer) hat und ob es besondere Abmachungen der Gesellschafter gibt. Der Wert eines Unternehmens kann sehr hoch sein! Der Anteil an dem Unternehmen kann also ein beträchtliches Vermögen bedeuten.

Wer ein kleines erfolgreiches Unternehmen verkauft, kann dafür manchmal das Drei- bis Fünffache des Nettogewinns erhalten, da der Käufer erwartet, dass das Unternehmen auch weiterhin diesen Gewinn abwerfen wird. Wenn der Nettogewinn eines Jahres zum Beispiel 10.000 € beträgt, solltest du dein Unternehmen zumindest für 3 x 10.000 € = 30.000 € verkaufen können. So schaffen Entrepreneure große Vermögen.

Sie gründen ein erfolgreiches Unternehmen, verkaufen es und verwenden den daraus erzielten Gewinn, um neue Unternehmen zu gründen und Rücklagen zu bilden.

Entrepreneure können ihr Vermögen auch dazu verwenden, politische, soziale und umweltbezogene Angelegenheiten zu unterstützen und anderen zu helfen. Das hast du ja bereits in Kap. 5 erfahren.

▸ Brot für die Welt
▸ Chancenwerk
▸ Tsunamihilfe
▸ Ärzte ohne Grenzen
▸ NFTE
▸ WWF
▸ UNICEF
▸ Kinderhilfswerk

Kapitel 11 | 173

Die Finanzen im Griff zu haben, ist für den Erfolg sehr wichtig.

Weiterführendes Unterrichtsmaterial zum Thema Finanzen

▶ Zum Thema Finanzen bietet NFTE allen interessierten Schülerinnen und Schülern und ganzen Kursen noch weiterführende und herausfordernde Informationen im Internet.

▶ Zum Beispiel findest du dort ausführliche Darstellungen (ein komplettes Kapitel) zum RETURN ON INVESTMENT (ROI), einer Kennzahl, die in vielen klassischen Kursen der Betriebswirtschaftlehre verwendet wird.

▶ Außerdem gibt es Erklärungen zur Abschreibung und zum Unterschied zwischen Kosten und Auszahlungen.

GO WEB
www.nfte.de/buch/kap11

ZUSAMMENFASSUNG UND AUFGABEN

I. Das "magisches Dreieck" der Finanzen besteht aus 3 Punkten: 1. Erfülle die Bedürfnisse deiner Kunden, 2. Nimm für deine Leistung mehr ein als du ausgibst, 3. Schreibe deine Einnahmen und Ausgaben exakt auf.

II. Als Absatz bezeichnet man die Anzahl der verkauften Einheiten. Umsatz ist Absatz x Preis.

III. Variable und fixe Kosten:

A. Variable Kosten werden auch direkte Kosten genannt, weil sie der jeweiligen verkauften Einheit direkt zugerechnet werden können (z. B. das Brötchen für ein Sandwich).

B. Fixkosten (auch Betriebskosten oder „overhead" genannt) heißen „fix", weil sie nicht von der von dir verkauften Produktanzahl bzw. der Anzahl der erbrachten Dienstleistungen abhängen (z. B. Miete)

IV. Jedes Produkt und jede Dienstleistung soll mit dem Umsatz mehr als die variablen Kosten erlösen und somit zur Deckung der Fixkosten beitragen.

Um den Deckungsbeitrag je verkaufter Einheit zu ermitteln, musst du die variablen Kosten vom Umsatz abziehen, den du durch den Verkauf erzielt hast.

Die DIfferenz steht dem Entrepreneur zur Verfügung, um die fixen Kosten zu decken - daher der Name "Deckungsbeitrag".

AUFGABEN

1 / ★ - BASIC
Wie berechnet man den Deckungsbeitrag pro Einheit?

2 / ★★ - GO ON
a) Sind die folgenden Aussagen richtig?
Variable Kosten heißen "variable", weil sie sich jeden Tag ändern. **(JA / NEIN)**
Der Deckungsbeitrag dient dazu, die fixen Kosten eines Unternehmens zu decken. **(JA / NEIN)**

b) Wenn Unternehmer Gewinne machen, müssen sie in Deutschland Steuern zahlen. Ab welcher Gewinnsumme müssen Steuern gezahlt werden?

3 / ★★★ - WOW
Recherchiere im Web, mit welchem Preis Zalando bewertet wurde, als es am 1.10.14, an die Börse ging. Und vergleiche die Bewertung mit der anderer Firmen, die du kennst.

Was ist der richtige Finanzierungsweg: Eigen- oder Fremdkapitalfinanzierung?

Kapitel 12

Lernziele

Wenn du dieses Kapitel gelesen und die Übungen ausgeführt hast, kannst du:

- ☑ die für den Start deines Unternehmens notwendigen finanziellen Mittel berechnen,

- ☑ Vor- und Nachteile der Fremd- und Eigenkapitalfinanzierung vergleichen,

- ☑ Eigenkapitalquoten und Verschuldungsgrad deines Unternehmens berechnen,

- ☑ ein Bankkonto eröffnen, um den Zahlungsverkehr des Unternehmens von deinen privaten Finanzaktivitäten zu trennen.

> "Inmitten von Schwierigkeiten liegen oft Möglichkeiten."
>
> Albert Einstein, Physiker, der die Relativitätstheorie formulierte

Dieses Kapitel ermöglicht es dir, dein Unternehmen und auch deine privaten Finanzen besser zu verstehen. Damit lernst du, wie du mit Geld richtig umgehst, um finanzielle Sorgen zu vermeiden.

„Alles nicht so schwer"

Kapitalbedarf

Die meisten Gründerinnen und Gründer müssen zu Anfang die ersten Ausgaben für das Unternehmen aus ihren Ersparnissen bezahlen. Es ist daher erstrebenswert, so bald wie möglich erste Umsätze zu erzielen, um nicht alle Ersparnisse aufzubrauchen.

Jeder Entrepreneur sollte immer noch Ersparnisse haben, auch wenn sein Unternehmen scheitert. Schließlich braucht er das Geld, um etwas Neues anzufangen. Oft passiert es, dass ein Entrepreneur mehr Geld für den Start benötigt, als er oder sie selbst zur Verfügung hat: Die Entwicklungs- und Gründungskosten (z. B. für Werbung, die ersten Waren oder ein Smartphone, vgl. auch Kap. 11) übersteigen die eigenen Mittel. Dann gilt es zu überlegen, ob man sich Geld leihen möchte (Fremdkapital) oder man jemand anderem Anteile am Unternehmen verkaufen möchte (Eigenkapital).

Diese Beschaffung von finanziellen Mitteln für das Unternehmen nennt man **Finanzierung**. In diesem Kapitel werden wir die Vor- und Nachteile von Eigen- und Fremdkapital vorstellen.

Der Finanzierungsbedarf setzt sich aus den Entwicklungs- und Gründungskosten und den **Anlaufverlusten** zusammen.

Anlaufverluste entstehen in den ersten Wochen und Monaten, in denen deine Umsätze die Kosten noch nicht decken. In diesem Kapitel erhältst du Tipps, wie du deine Betriebskosten gering halten kannst, um auch die Anlaufverluste möglichst gering zu halten.

Betriebskosten, z. B. Miete oder Werbung, sind fixe Kosten, denn sie fallen auch an, wenn du nichts verkaufst.

Damit deine Anlaufverluste gering bleiben, ist es also sinnvoll, sich zu überlegen, wie man mit wenig Geld Kunden gewinnen kann, damit die Einnahmen pro Monat möglichst rasch die Ausgaben übersteigen.

Vom NFTE Schüler zum Designer und Entrepreneur: Jonas Stracke stellt sich vor

Am Berufskolleg in Wuppertal habe ich 2012 einen NFTE Kurs gemacht und als Geschäftsidee eine „Computerhilfe 50 +" für Senioren entwickelt. Damit habe ich beim Bundesevent in Berlin als erster Berufsschüler den Publikumspreis von den vielen Gästen aus aller Welt gewonnen, die beim „Entrepreneurship Summit" auch die Stände der besten NFTE Schülerinnen und Schüler Deutschlands besuchten.

Die Idee habe ich nach dem Event in Berlin jedoch nicht weiter verfolgt. Nicht, weil das Konzept unausgereift war, sondern weil mein eigentliches Interesse und meine Leidenschaft der Mode gilt. Nach meinem Abschluss in Wuppertal begann ich also mein Studium an der Hochschule Niederrhein – mit dem Schwerpunkt Mode-Design-Ingenieur.

Seit meiner Erfahrung mit NFTE hat sich mein Verständnis für das „Selbstständig sein" nachhaltig verändert. Sehr viele Grundlagen bzw. ein Grundverständnis für die Geschäftsgründung schon in der Schule zum „Probieren" zu bekommen, hat mir sehr geholfen, die nachfolgenden, tiefgründigen Dinge der Existenzgründung zu begreifen und mit meinem Studium zu verknüpfen. Was ist so schlimm daran, einfach sein eigenes Ding zu machen? Neben meinem Studium habe ich zu Anfang immer mal wieder kleinere Auftrags-Arbeiten für spezielle Kunden ausgearbeitet und realisiert. Warum ich mich auch mit dieser Idee nicht als Startup auf die Socken gemacht habe?

Das Studium hat mich in meiner Entwicklung wieder weitergetragen und mir klar gemacht, dass jetzt noch nicht der richtige Zeitpunkt ist, mich auf eigene Beine zu begeben. Gerade in der Modebranche ist es als Jungdesigner unheimlich schwierig, etwas Rentables zu schaffen, was nicht nur schön ist, sondern sich auch verkaufen lässt. Über das eigentliche Designen von Mode und Bekleidung hinaus haben sich Möglichkeiten geboten, die mich darin bestärkt haben, meinen Wunsch nach einer Selbstständigkeit noch etwas zurückzustellen, um zuerst noch weiter Dinge zu lernen.

Ich machte also Praktika, unter anderem in Bangladesch und Korea, um die Industrie und verschiedene Formate kennen zu lernen. Im Auftrag großer Bekleidungsfirmen arbeitete ich also

JUNG, KREATIV, ENTREPRENEUR!

beispielsweise in Bangladesch und lernte die Herstellungsprozesse in der Industrie kennen. Und die sehen weitaus anders aus, als ich mir das an meiner heimischen Nähmaschine jemals hätte vorstellen können. Die Realität, in der wir von Fast-Fashion mit bis zu 48 Kollektionen pro Jahr sprechen, scheint in den Geschäften und für den Konsumenten manchmal gar nicht so ersichtlich. Jedes Bekleidungsteil im Kleiderschrank ist Handarbeit und wurde von einem Menschen irgendwo auf der Welt für dich genäht.

Inzwischen bin ich gerade aus Shanghai zurück, wo ich ein Auslandssemester verbracht habe und sitze nun in den Startlöchern für meine Bachelor-Arbeit. Das große Thema Nachhaltigkeit ist für mich so selbstverständlich geworden, dass sich meine Arbeit wahrscheinlich auch auf dieses beziehen wird. Mir kommt auch hier immer mal wieder etwas in den Sinn, was ich bei NFTE gelernt habe: „Das gibt es doch schon!" ist gar kein Gegenargument, Dinge nicht zu tun, sondern bedeutet vielmehr, herausfinden, wie man etwas anders machen oder weiterentwickeln kann.

Sobald ich meinen Abschluss als Design-Ingenieur für die Bekleidungsindustrie habe, möchte ich gleich das Masterstudium anschließen, um weitere spannende Dinge zu lernen und mir noch Zeit und Freiheit nehmen, verschiedene Dinge auszuprobieren, bevor es in die Berufswelt geht. Dabei kann ich mir jetzt wirklich noch gar nicht vorstellen, jeden Tag der gleichen Arbeitsroutine zu folgen. Was natürlich auch wieder für eine Selbstständigkeit spricht. In Projekten zu arbeiten mit einem tollen Team, das wäre für mich auch eine sehr reizvolle Option.

Man sollte die Kanäle immer offen halten und vieles anpacken und ausprobieren, auch wenn man mal etwas macht, was nicht klappt oder für den Moment unbedeutend scheint – irgendwann kommt der Moment, in dem man merkt, dass sich alles wie ein Puzzle zusammenfügt und sich Zusammenhänge zeigen, die viel verständlicher werden.

Warum sollte es also nicht eine Option sein, auf eigenen Füßen zu stehen und selber ein Puzzle zu kreieren?

Vor dem Risiko habe ich auf jeden Fall keine Angst.

Finanzierung

Finanzierung ist das Aufbringen von Geld, um ein Unternehmen zu beginnen oder weiterzuführen. Wenn ein Entrepreneur das Geld, das für das Unternehmen benötigt wird, nicht selbst hat, dann muss er oder sie andere Personen, Unternehmen oder Banken/Sparkassen ansprechen.

Es gibt zwei Arten, Kapital aufzubringen und beide beeinflussen die zukünftige Organisation deines Unternehmens. Sie heißen Fremd- und Eigenkapital.

A) Fremdkapital

Wenn du dir z. B. aus dem Kreise deiner Familie Geld leihst, dann nennt man diese Finanzierungsform "Fremdkapital". Für Startup-Investitionen mittels **Fremdkapital** kann sich der Entrepreneur an eine Person (z. B. einen Verwandten) oder eine Institution (z. B. eine Bank/eine Sparkasse) wenden und einen Kreditvertrag abschließen.

Wenn ein Kapitalgeber Geld verleiht (dieser Betrag wird **Darlehens- oder Kreditbetrag** genannt), dann verlangt er **Zinsen**.

Zinsen sind die Kosten des Geldes und werden als Prozentsatz des Darlehensbetrags festgelegt. Die Summe, die regelmäßig zurückgezahlt werden muss, besteht aus den Zinsen und der Teil- oder Gesamtrückzahlung, die **Tilgung** genannt wird. Zinsen und Tilgung zusammen bilden die **Darlehensrate**. Sie ist manchmal monatlich und manchmal jährlich fällig und die Zahlung sollte vom Entrepreneur im Businessplan eingeplant werden. Zinsen sind übrigens fixe Kosten. Der Tilgungsbetrag zählt nicht zu den Kosten, denn es handelt sich ja um die Rückgabe von geborgtem Geld.

▶ Ein **Vorteil** der Fremdkapitalfinanzierung besteht darin, dass der Kreditgeber keinen Einfluss auf die Zukunft oder die Strategie des Unternehmens hat, solange die Rückzahlungen termingerecht durchgeführt werden. Ein anderer Vorteil ist der, dass diese Zahlungen vorhersehbar sind. Man weiß genau, wie viel man jeweils zu zahlen hat.

Bedarf an Startkapital

Artikel	Wo werde ich diese Artikel kaufen	Artikelkosten
Flyer (1000 Stück)	Vistaprint	23 €
Website pro Jahr	1&1	120 €
Handy	ebay	390 €
Computer	ebay	350 €
Vertrag (Handy) pro Jahr	1&1	240 €
Schreibtisch	IKEA	109 €
Stuhl	IKEA	50 €
Internetanschluss pro Jahr	1&1	272,40 €
Gesamt		1554,40 €

▶ Der **Nachteil** von Fremdkapital ist, dass der Entrepreneur Zinsen und Tilgungen auch zahlen muss, wenn das Unternehmen keine Umsätze macht.

Ein Kapitalgeber kann den Entrepreneur anzeigen und vor Gericht zwingen, sollte die Darlehensrückzahlung nicht erfolgen. Der Kapitalgeber kann aufgrund des Kreditvertrages den Entrepreneur verpflichten, aus seinem Privatvermögen zu zahlen. Daher solltest du sehr genau kalkulieren, wann und wie viel Kredite du aufnimmst.

> ▶ Zinsen sind die Kosten des Geldes. Sie werden als Prozentsatz pro Jahr angegeben.
>
> ▶ Die Zinsen werden berechnet, indem das Darlehen (ein anderes Wort für Darlehen ist Kredit) mit dem Zins multipliziert wird. Wenn ein Entrepreneur 1.200 € zu 10%, rückzahlbar innerhalb eines Jahres, aufgenommen hat, dann betragen seine Darlehenszinsen 120 € (1.200 € : 10 = 120 €).
>
> ▶ Zahlt der Entrepreneur am Ende des ersten Jahres neben den 120 € Zinsen noch 200 € zurück, beträgt das Rest-Darlehen im zweiten Jahr nur noch 1.000 €. Die darauf zu zahlenden Zinsen sind im zweiten Jahr also nur noch 100 € (1.000 € : 10 = 100 €).

DER BIZTIPP

> ▶ Übrigens, viele Entrepreneure leihen sich ihr Geld nicht von Banken, sondern aus dem Familienkreis, von Eltern, Großeltern oder guten Bekannten. Aber vergiss nicht, wenn dein Unternehmen scheitert, musst du einen Kredit trotzdem zurückzahlen.

B) Eigenkapital

Wenn der Entrepreneur keine Schulden machen möchte (also keinen Kredit aufnehmen möchte), kann er neben seinen eigenen Ersparnissen externes **Eigenkapital** von Dritten (z. B. Eltern, Freunden oder professionellen Investoren) aufnehmen. **Hierzu verkauft er einen Anteil an seinem Unternehmen.** Der Investor erhält einen Prozentsatz an den zukünftigen Gewinnen des Unternehmens und Mitspracherecht.

Bestimmt hast du schon einmal im Fernsehen "Die Höhle der Löwen" gesehen (s. Kap. 7). Die "Löwen" sind Investoren und erwerben einen Anteil an den Unternehmen. Auch wenn es verwirrend ist: Das Kapital der "Löwen" kann manchmal ebenfalls zu Eigenkapital des Unternehmens werden, wenn es dem Unternehmen dauerhaft zur Verfügung steht und für Verluste haftet.

Herkunft des Startkapitals

Quelle	Betrag	Anteil (EK)	Kredit (FK)	Schenkung
Persönliche Ersparnisse	1000 €	1000 €		
Familie / Freunde	813 €			813 €
Gesamt	1813 €			

Die „Löwen" werden so, entsprechend dem ausgehandelten Prozentsatz, Miteigentümer des Unternehmens. Das Gute für den Gründer/die Gründerin ist, dass er/sie dieses Kapitel nicht zurückzahlen muss, denn die Investoren ("Löwen") erhalten stattdessen einen Anteil in der Höhe ihrer Beteiligung am Unternehmen, d. h. an den zukünftigen Gewinnen. Wenn das Unternehmen scheitert, müssen die "Löwen" den Verlust ihrer Investition alleine tragen.

Warum machen das die Investoren? Wir haben bereits erwähnt, dass Unternehmen einen erheblichen Wert haben können. Häufig berechnet sich der Unternehmenswert auf Basis des Gewinns und wird von Experten (z. B. Unternehmens- und Steuerberatern) geschätzt.

Wenn du zum Beispiel 6.000 € Gewinn pro Jahr machst und in deiner Branche Experten den Wert eines Unternehmens mit dem fünffachen Jahresgewinn einschätzen, dann ist der Unternehmenswert 30.000 €. Einen Teil von deinem zukünftigen Gewinn verkaufst du an den Investor.

Wenn er dir heute 3.000 € gibt, erhält er 10 % der zukünftigen Gewinne. Der Investor hofft, dass sein zehnprozentiger Gewinnanteil mit der Zeit mehr einbringt als die Anfangsinvestition von 3.000 €.

> Wenn du Geld für dein Unternehmen geschenkt bekommst, ist das Eigenkapital und muss nicht zurückgezahlt werden.

Damit du dir die Begriffe besser merken kannst, haben wir eine **Bilanz** aufgezeichnet. Eine Bilanz ist eine Übersicht über die Kapitalherkunft und Kapitalverwendung im Unternehmen.

Es gibt für die beiden Seiten der Bilanz verschiedene Begriffe im allgemeinen Sprachgebrauch, die du vielleicht auch schon einmal gehört hast.

Lisa aus Bayern beim Bundesevent

Eine Bilanz sieht aus wie ein T. Die beiden Seiten der Bilanz werden als **Haben** und **Soll** bzw. Aktiva und Passiva bezeichnet.

Bilanz (am Beispiel Bauchladen für Getränkeverkauf)

Haben, Aktiva (Vermögen)		Soll, Passiva (Kapital)	
Kapitalverwendung		**Kapitalherkunft**	
Bauchladen	1.500 €	Eigenkapital	500 €
		Fremdkapital	1.000 €
Summe	**1.500 €**	**Summe**	**1.500 €**

Finanzierungskennzahlen

Die Finanzierungsstrategie einer Gesellschaft wird u. a. durch ihre **Eigenkapitalquote** (EK) ausgedrückt. Wenn eine Gesellschaft eine Eigenkapitalquote von 50 % hat, dann heißt dies, dass das

Unternehmen zur Hälfte mit Eigen- und zur Hälfte mit Fremdkapital finanziert ist.

$$\frac{\text{Eigenkapital}}{\text{Gesamtkapital}} \times 100 = \text{Eigenkapitalquote in \%}$$

Eine weitere Quote, die ein Bild von der Finanzstrategie gibt, ist der **Verschuldungsgrad** (Fremdkapitalquote). Dieser gibt das Verhältnis von Verschuldung und Gesamtkapital an.

Um das Beispiel fortzuführen: Wer eine EK-Quote von 50 % hat, hat natürlich einen Verschuldungsgrad von ebenfalls 50 % – leuchtet das ein?

$$\frac{\text{Fremdkapital}}{\text{Gesamtkapital}} = \text{Verschuldungsgrad}$$

Beispiel Anita Roddick: Eigenkapital als richtige Gründungsfinanzierung

▶ Anita Roddick hatte anfangs nicht damit gerechnet, dass ihr in England gegründetes Unternehmen „The Body Shop" die Kosmetikindustrie dermaßen ändern würde, dass es eine Kraft sozialen Bewusstseins werden und zudem noch Millionen von Pfund einbringen würde – aber genau das geschah.

▶ „The Body Shop" wäre jedoch niemals so weit gekommen, wenn Roddick nicht die Hälfte ihres Unternehmens an ihren Freund Ian McGlinn verkauft hätte, im Austausch für Anteile in der Höhe von 4.000 £ (ungefähr 7.000 €).

▶ Örtliche Banken hatten sich geweigert, ihr Geld zu leihen, da sie erst seit einigen Monaten im Geschäft gewesen war. McGlinns Investition wurde über 140 £ Millionen (ungefähr 240 Millionen €) wert.

▶ Roddick sagte, dass sie es nicht bedauere, McGlinn die Hälfte des Unternehmens verkauft zu haben, denn ohne McGlinns Investition wäre sie nicht in der Lage gewesen, ihr Unternehmen zu erweitern.

▶ Anita Roddick wurde durch ihr unternehmerisches Engagement zeitweise zur reichsten Frau Englands - reicher als die Queen! Später verkaufte sie ihr Unternehmen und starb im Jahr 2007.

Dein Geld ist bei einer europäischen Bank sicher, denn es ist durch den gesetzlichen Einlagensicherungsfonds versichert. Banken und Sparkassen bieten grundsätzlich zwei Bankkonten an: das Spar- und das Girokonto.

Sparkonten

Wenn du dein Geld auf ein Sparkonto legst, ist es nicht nur sicher, sondern die Bank bzw. Sparkasse zahlt dir auch Zinsen. Allerdings gibt es seit vielen Jahren in der EU bei Sparkonten nur sehr niedrige Zinsen.

Beziehung zu den Banken und Sparkassen

Wie Anita Roddicks Geschichte zeigt, haben einige der erfolgreichsten Entrepreneure ihre Unternehmen zuerst nicht mit Bankkrediten finanziert.

Auch wenn es eine Weile dauern kann, bis du bereit bist, dich wegen der Finanzierung deines Unternehmens an eine Bank zu wenden, ist es nie zu früh, ein gutes Verhältnis zu Banken oder Sparkassen aufzubauen.

Du kannst damit beginnen, indem du ein Konto eröffnest. Wenn du ein Bankkonto hast, dann hast du auch einen sicheren Ort, dein Geld aufzubewahren.

Geldautomaten gibt es fast überall

Girokonten

Der bargeldlose Zahlungsverkehr ist die professionelle Art, Geschäfte abzuwickeln. Girokonten ermöglichen es dir, mit einer EC- oder Bankkarte zu bezahlen. Banken/Sparkassen benutzen neue Technologien, um für die Kunden 24 Stunden am Tag zur Verfügung zu stehen – gute Nachrichten für beschäftigte Entrepreneure!

Banken geben Kreditkarten aus, die du bei Geldautomaten verwenden kannst und die es dir ermöglichen, Einkäufe von deinem Girokonto zu tätigen.

Du kannst es auch einrichten, dass Zahlungen monatlicher Betriebskosten automatisch durchgeführt werden. Das nennt man **Dauerauftrag**. Und immer mehr Banken/Sparkassen bieten dir die Möglichkeit, dein Geld auf dem Smartphone sicher zu verwalten.

Wusstest du, dass gerade die Afrikanerinnen und Afrikaner beim mobilen Banking führend sind? Weltweit setzt sich bargeldloses Zahlen immer weiter durch.

▶ Sieh dich um und erkundige dich, ehe du dich entscheidest, wo du dein Girokonto eröffnest.

▶ Verschiedene Banken und Sparkassen bieten verschiedene Gebühren und verlangen verschiedene Voraussetzungen.

▶ Bei manchen Konten ist es notwendig, ein Mindestguthaben beizubehalten.

▶ Hol dir Informationen bei Banken und Sparkassen, was sie anbieten - wähle das Girokonto, das dir am besten passt.

ZUSAMMENFASSUNG UND AUFGABEN

I. Das Aufbringen von Geld für ein Unternehmen wird Finanzierung genannt.

A. Fremdkapitalfinanzierung – das Unternehmen leiht sich Geld. Vorteil – Geldgeber hat keinen Einfluss auf das Unternehmen. Nachteil – Geldgeber kann das Unternehmen zur Insolvenz zwingen.

B. Eigenkapitalfinanzierung – das Unternehmen verkauft Besitzanteile. Vorteil – Das aufgebrachte Geld muss nicht zurückgezahlt werden. Nachteil – Die Aktionäre erhalten Kontrollrecht im Unternehmen (im prozentualen Umfang ihrer Investition).

II. Manche Unternehmen nutzen beides: Fremdkapital- und Eigenkapitalfinanzierung.

A. Die Eigenkapitalquote drückt den Anteil des EK am Gesamtkapital aus.

B. Die Fremdkapitalquote zeigt das Verhältnis zwischen FK und Gesamtkapital an.

III. Leg dein Geld auf ein Konto, wo es sicher aufbewahrt wird und Zinsen einbringt.

IV. Banken zahlen auf Sparkonten Zinsen, weil sie davon profitieren, dass sie die Einlagen zu einer höheren Zinsrate weiterverleihen.

A. Bargeldlos zu zahlen ist professioneller als mit Bargeld. Überweisungen liefern sofort einen Zahlungsnachweis.

B. Überweisungen sind sicherer als Bargeld.

C. Schau dich nach dem besten Angebot um, ehe du dein Girokonto eröffnest.

AUFGABEN

1 / ★ - BASIC
Erstelle eine Liste mit den Vor- und Nachteilen der verschiedenen Finanzierungsformen: 1. Fremdmittelfinanzierung: Aufnehmen eines Darlehens oder Kredits. 2. Eigenkapitalfinanzierung: Verkauf von Unternehmensanteilen

2 / ★★ - GO ON
Falsch oder richtig? 1. Sparkonten bieten geringen Sparzins für geringes Risiko. 2. Dein Bankkonto ist durch den Einlagensicherungsfonds geschützt. 3. Per Gesetz müssen Banken allen Kunden die gleichen Kreditzinsen anbieten.

3 / ★★★ - WOW
Wie hast du vor, dein Unternehmen zu finanzieren? Liste die Quellen deiner Finanzmittel auf und gib an, ob sie aus Eigenkapital oder Fremdkapital finanziert oder ein Geschenk sind. Weise auf die Summe und die jeweilige Quelle hin. Notiere auch, welchen Prozentanteil am Besitz der Firma du ggf. hergeben würdest, um eine Eigenkapitalfinanzierung zu sichern.

Das Finale: Vom Pitch zum ersten eigenen Businessplan

Kapitel 13

Lernziele

Wenn du dieses Kapitel gelesen und die Übungen ausgeführt hast, kannst du:

- ☑ einen ersten Businessplan für dein Unternehmen aufstellen und eine PowerPoint-Präsentation gestalten,

- ☑ regelmäßig überprüfen, ob du dich auf dem richtigen Weg befindest,

- ☑ bei der Präsentation vor der Jury gut vorbereitet und mit Selbstvertrauen auftreten.

> "Tolle eigene Ideen Wirklichkeit werden zu lassen, erfüllt mit Stolz – ja, es kann richtig glücklich machen!"
>
> Prof. Dr. Lambert T. Koch
> Wirtschaftswissenschaftler und Rektor der Bergischen Universität Wuppertal

Elevator Pitch, Business Model Canvas und Businessplan sind für deinen Erfolg wichtig

Deine Geschäftsidee hat erheblich bessere Chancen, wenn du sie genau planst, an ihr fortlaufend arbeitest und verschiedene bewährte Techniken nutzt, um sie darzustellen und anderen zu präsentieren.

Das **Pitchen** (siehe Kap. 7) ist die kürzeste Form, deine Idee überzeugend zu schildern und den Nutzen für Kundinnen und Kunden bzw. Investoren klarzumachen. Verbessere deinen Pitch immer wieder!

Die **Business Model Canvas** (siehe Kap.8) stellt deine Geschäftsidee für dich selbst und andere besonders anschaulich im Großformat dar und kann jederzeit leicht verändert werden. Bleib dran!
Der **Businessplan (BP)** ist eine weitere, seit langem bewährte Darstellungsmethode.

NFTE stellt Schülerinnen und Schüler eine vereinfachte Form des in der Geschäftswelt üblichen BP in Form einer PowerPoint-Präsentation zur Verfügung. Sie macht es dir leicht, deine Unternehmensidee gründlich zu durchdenken zu formulieren und dann auch erfolgreich vor einer Jury zu präsentieren.

Firmenname und Logo

- Name des Gründers / der Gründerin
- Datum

Marktanalyse

- Wen würde das Produkt besonders interessieren (Zielgruppe)?
- Wo kaufen diese Kunden heute?
- Wer hätte das Geld, um den Preis für das Produkt zu bezahlen?

Nenne ggf. Trends (z.B. Technologie, gesellschaftliche Entwicklungen), die für das Produkt wichtig sind

Warum brauchst du einen Businessplan?

Während des Kurses hast du den BP vermutlich schon kennen gelernt und wahrscheinlich auch schon angefangen, einige Folien auszufüllen. Jetzt bekommst du noch wichtige Hinweise dazu.

Warum brauchst du einen Businessplan?

Der Businessplan hilft dir als Entrepreneur dabei, dir die Zukunft deines unternehmerischen Projekts mit einem Plan vor Augen zu führen, der Schritt für Schritt durchdacht ist.

Im BP werden alle wichtigen Aspekte des Unternehmens übersichtlich dargestellt – vor allem wirst du als Entrepreneur gezwungen, den Kundennutzen klar und deutlich zu formulieren. Aber der BP kann auch dazu dienen, mögliche Kapitalgeber oder sonstige wichtige Partner von den Erfolgschancen zu überzeugen.

Der NFTE Businessplan: Gliederung und Fragen, die beantwortet werden müssen

Der NFTE Businessplan ist dein Handwerkszeug als Entrepreneur. Du solltest ihn regelmäßig überarbeiten und nur ordentliche und fehlerfreie Fassungen vor der Jury präsentieren. Rechtschreibung und Zahlen müssen gründlich überprüft sein und stimmen.

Gliederung des NFTE Businessplans

▶ Titelseite mit Firmenlogo, Datum und Namen des Unternehmens und der Personen, die das Unternehmen gründen

▶ Beschreibung der Geschäftsidee und des besonderen Kundennutzens

▶ Marktanalyse (Marktforschung und Wettbewerbsanalyse)

▶ Marketing Plan

▶ Gewinn- und Verlustrechnung

▶ Finanzplanung mit Kapitalbedarf und Finanzierung

▶ Wochenplan

▶ Aktionsplan: Zielvereinbarung

▶ Überlegungen zum Schutz der Umwelt und zum gemeinnützigen Engagement

Folgende Fragen sollen mit den einzelnen Abschnitten eines Businessplans beantwortet werden.

Abschnitt Geschäftsidee

a. Wie heißt das Unternehmen?

b. Was genau ist dein Produkt oder deine Dienstleistung?

c. Welchen Kundenbedarf befriedigt es besser als die Produkte der Wettbewerber?

d. Welche Hobbys, Interessen und Fähigkeiten hast du, um dieses Unternehmen erfolgreich zu machen? (Informationen zu dir als Entrepreneur)

Abschnitt Marktforschung/Marktanalyse

a. Wen würde das Produkt besonders interessieren?

b. Wo kaufen diese Kunden heute?

c. Wer hätte das Geld, um den Preis für das Produkt zu bezahlen?

d. Gibt es gesellschaftliche Trends, zu denen das Produkt passt?

e. Hier kannst du weitere wichtige Ergebnisse deiner Marktforschung anführen.

Abschnitt Wettbewerbsanalyse

a. Wo können Kunden gleiche oder ähnliche Produkte von Wettbewerbern kaufen?

b. Zu welchen Preisen? Bei welcher Qualität?

c. Worin genau liegt dein Wettbewerbsvorteil?

Abschnitt Marketing

a. Wie kannst du die Kunden auf das Produkt und das Unternehmen aufmerksam machen?

b. Wann und wie erreichst du die Kunden am besten?

▶ Arbeite intensiv an deinem NFTE Businessplan für deine Geschäftsidee.

▶ Zum Abschluss des Kurses präsentierst du dein Unternehmen damit vor einer Wirtschaftsjury. Wenn du ein Zertifikat bekommen hast, kann dir das bei Bewerbungen helfen.

▶ Leg auf jeden Fall eine Kopie davon jeder Bewerbung bei!

Wie ist die Gestaltung (das Layout) eines Businessplans?

Die Folien im noch leeren NFTE Businessplan dienen als Muster und sollen von dir vollständig ausgefüllt und umgestaltet werden. Je besser die Präsentation aussieht, wenn du sie an die Wand wirfst oder ausdruckst, desto überzeugender wirkt die Darstellung deiner Geschäftsidee. Bei der Gestaltung kannst du Schrift, Schriftgröße und Farben abwandeln. Sie soll zu dir und deiner Geschäftsidee passen, gut lesbar und optisch eindrucksvoll sein.

Mit zusätzlichen Bildelementen (kleinen Figuren/Grafiken/Fotos aus dem Internet) kannst du deine Präsentation abwechslungsreich und originell gestalten.

> ▶ **WICHTIG:** Ein Businessplan soll knapp und präzise sein. Beim Pitchen hast du ja gelernt, dich kurz zu fassen.
>
> ▶ Lange Sätze und klein gedruckte, ausführliche Texte sind auf den Folien fehl am Platz.
>
> ▶ **Denk daran:** Du wirst sie vor der Jury ja nicht ablesen, sondern direkt zu deinen Zuhörerinnen und Zuhörern sprechen! Dabei kannst du mündlich Ergänzungen einstreuen (im Rahmen der vorgegebenen Zeit), die so nicht auf der Präsentation stehen. Das wirkt lebendig!

Safety First

Spaß mit Sicherheit!

Elena Kamarys
07. April 2017

Dein erster Businessplan entsteht

Deinen Businessplan erstellst du am Computer mit Hilfe der für dich vorbereiteten Folien. Wenn du mathematisch-wirtschaftliche, technische oder gestalterische Schwierigkeiten hast, wende dich an deine Lehrerin oder deinen Lehrer oder lass dir von Klassenkameraden helfen.

Verleihe deinem BP eine unverwechselbare Gestaltung und deine eigene Note. Er wird die Grundlage für die Präsentation deiner Geschäftsidee vor einer fachkundigen Jury sein. Ein gut durchdachter Businessplan zeigt deine Kompetenz und wirkt professionell. Viel Erfolg!

Präsentation des Businessplans: Ein Paar wichtige Tipps

Übe deinen Auftritt vor dem Spiegel und vor Freundinnen und Freunden oder Familienmitgliedern. Gut ist es auch, mit dem Smartphone ein kleines Video davon drehen zu lassen und es dann gemeinsam kritisch anzusehen, um noch dazuzulernen.

Übung hilft dir auf jeden Fall, die Inhalte zu beherrschen und deinen Auftritt zu verbessern. Du lernst, die festgesetzte Zeit einzuhalten und bekommst Selbstvertrauen.
Vergiss nicht die „JA, ICH KANN!"-Haltung.

Was solltest du beachten?

▶ Komm frühzeitig, um dich mit der Umgebung vertraut zu machen.

▶ Kümmere dich rechtzeitig um die Technik, damit alles funktioniert.

▶ Zieh am Tag der Präsentation Kleidung an, in der du einen besonders guten Eindruck machst.

▶ Kontrolliere rechtzeitig vor dem Auftritt dein Aussehen vor dem Spiegel.

▶ Lächle und schaue alle Zuhörer an (nicht auf den Boden gucken). Sprich klar und deutlich, zeige Begeisterung für deine Sache und erkläre alles gut.

▶ Erschrick nicht bei Fragen am Ende deiner Präsentation (das bedeutet, dass die Zuhörer Interesse haben). Beantworte sie freundlich und höflich. Falls du etwas nicht weißt, sag einfach: „Damit habe ich mich leider noch nicht befasst. Danke für Ihren Hinweis, ich werde mich sofort darum kümmern."

▶ Schließe mit einer positiven Aussage (bzw. deinem Slogan) ab und danke für die Aufmerksamkeit.

▶ Überreiche der Jury deine Visitenkarten, Flyer und Kostproben deines Produkts, falls vorhanden.

Grund zu großer Freude: Ein ganzer Kurs aus Mecklenburg-Vorpommern hat mit Erfolg vor der Jury präsentiert.

Und wie geht es weiter?

Wenn du deinen Businessplan erfolgreich vor der Jury präsentiert und ein Zertifikat bekommen hast, hast du ein erstes großes Ziel erreicht und kannst stolz auf dich sein! Du willst mehr?

Wenn du für deine Idee brennst, Ehrgeiz entwickelt hast und weitermachen willst, kannst du in einigen Bundesländern an einem **Landesevent** teilnehmen oder **dich direkt für den Bundesevent bewerben**.

Dort misst du dich mit deiner Idee, wenn du nach Berlin eingeladen wirst, mit anderen kreativen NFTE Schülerinnen und Schülern beim großen Entrepreneurship Summit.

Tolle Preise erwarten die Besten! Trau dich und frag deine Lehrerin oder deinen Lehrer danach. Sie werden dich gern unterstützen.

Das NFTE Team freut sich, wenn du auch später Kontakt hältst, von der Entwicklung deines Unternehmens berichtest und dich bei Bedarf professionell beraten lässt. Wende dich einfach an die NFTE Geschäftsstelle in Berlin.

Die Emailadresse ist: kontakt@nfte.de

Anhang

Dank

Der Joachim Herz Stiftung und der Stiftung Wirtschaft Verstehen gilt unser herzlicher Dank dafür, dass sie die vorliegende, grundlegend überarbeitete und aktualisierte Ausgabe unseres NFTE Schülerbuchs ermöglicht und finanziert haben.

Wir danken besonders auch den ehemaligen NFTE Schülerinnen und Schülern, die das Buch mit ihren engagierten Beiträgen bereichert haben:
Mona Wingerter, Lukas Swierczyna, Fabian Grohmann, Julia Walerczyk, Besarta Rexhepi, Manal Sammatou, Chikwado Anna Sylvester, Tiffany Karpyk, Robin Kalle Weber, Maren Küppers, Jonas Stracke

Anhang | 195

Herausgegeben von NFTE Deutschland e. V.
Network For Teaching Entrepreneurship
Berlin, 1.2.2018

Prof. Wolf-Dieter Hasenclever
Vorsitzender des Vorstands

Guido Neumann
Geschäftsführer

Diane Brüggemann
Programmleiterin

Gesamtredaktion
Connie Hasenclever

Zusätzliche Unterrichtsmaterialien
Diane Brüggemann

Technische Assistenz
Lisa Jarchow

Für die finale Durchsicht des Buches und wertvolle Hinweise bedanken wir uns bei Prof. Dr. Helga Hackenberg, Ev. Hochschule Berlin und Stiftung Wirtschaft Verstehen.

Für ihren Beitrag zu Kap. 10 danken wir Julia Gunnoltz, Hochschule für Wirtschaft und Recht Berlin.

Pädagogische Beratung

Der Pädagogische Beirat, der aus besonders erfahrenen NFTE Pädagoginnen und Pädagogen aus verschiedenen Bundesländern besteht, hat die Entstehung dieses Buches über einen längeren Zeitraum begleitet und beraten.
Dafür möchten wir uns bei den Beteiligten ganz herzlich bedanken, auch für die Überlassung von lebendigem Fotomaterial aus dem Unterricht:
Jörg Neumann (Mecklenburg-Vorpommern), Christiane Franke (Berlin), Sabine Barth (Baden-Württemberg), Susanna Klein (Bayern), Ulrike Göll-Ulbrich (Niedersachsen), Lars Bleibtreu (NRW), André Hardekopf (Niedersachsen), Elvira Weißmann-Polte (Bayern).

Mitglieder des „Beirats Teaching Entrepreneurship Baden-Württemberg (BTE)" haben mit Anregungen zur Entwicklung des Buches beigetragen.
Wir danken den NFTE Lehrkräften Elke Biro, Matthias Breithaupt, Claudia Grüner, Efrén Paradelo, Alexander Tomisch und Sebastian Waldmüller.

Gestaltung, Layout und Satz
Mona Wingerter
(www.monawingerter.de)

Druck
Free Pen Verlag Bonn

Information und Kontakt
NFTE Geschäftsstelle Berlin
Transvaalstr. 6
13351 Berlin
Tel: 030-89758893
Email: kontakt@nfte.de
www.nfte.de

Erklärung
Das NFTE Schülerbuch in der Neubearbeitung 2018 wurde ausschließlich aus Mitteln der Joachim Herz Stiftung und der Stiftung Wirtschaft Verstehen finanziert. Alle im Buch in Kurzportraits vorgestellten oder im Text erwähnten Unternehmen und Entrepreneure wurden vom Autorenteam im Sinn von „Case Studies" ausgesucht, um den Schülerinnen und Schülern als Beispiele für originelle Geschäftsmodelle und unternehmerischen Geist zu dienen und sie zur Entwicklung ihrer eigenen Geschäftsideen zu motivieren.

Persönlichkeitsstärkung und Ermutigung zu eigenständigem Denken stehen im Mittelpunkt der NFTE Pädagogik. NFTE ist dem Beutelsbacher Konsens verpflichtet und lehnt Unternehmens- und Produktwerbung in Schulen ab.

Die jungen ehemaligen NFTE Schülerinnen und Schüler, die in Buchbeiträgen von ihrer positiven persönlichen und unternehmerischen Entwicklung berichten, wollen damit ausdrücklich andere ermutigen, es ihnen nachzutun, ihren persönlichen Weg zu gehen und ein eigenes Projekt zu finden, an dem sie dann intensiv arbeiten.

Autorenteam und Geschäftsführung NFTE Deutschland e. V.

Bildnachweis

Quelle	Seite
Andreas Winter	4, 91 unten, 92, 94, 98, 101, 107, 110, 128 (obere 2), 130, 133, 134, 146 oben, 173 unten, 195 unten
Viktor Strasse	15
Johannes "James" Zabel	80
Christian Kaufmann	93
Onika Amin	16, 19, 28, 34, 40, 44, 51, 70, 84, 88, 97, 123, 126, 128 unten, 135, 140, 156, 158, 159, 182, 190
www.pexels.com	11, 12, 26, 36, 46, 57, 64, 72, 74, 164, 172
www.freepik.com	37, 67, 104, 132, 141, 144, 145, 146, 150, 151
www.photocase.de	129

Alle anderen Fotos von NFTE Deutschland e. V., den vorgestellten Unternehmen oder von Privat.

Sprung in der Schüssel

Es war einmal eine alte Frau, die zwei große Schüsseln an einer Stange befestigt hatte. Diese Stange trug sie auf der Schulter, um damit mit beiden Schüsseln Wasser holen zu können. Eine der beiden Schüsseln hatte einen Sprung. Immer wenn die alte Frau vom Fluss Wasser holte, kam sie nur mit anderthalb Schüsseln Wasser zurück.

Das war der einen Schüssel irgendwann unangenehm. Daraufhin sprach sie zu der alten Frau: "Ich schäme mich dafür, dass ich diesen Sprung habe und deswegen das Wasser auf dem Weg zum Haus herausläuft."

Die alte Frau lächelte: "Ist dir aufgefallen, dass auf deiner Seite des Weges Blumen blühen und auf der anderen Seite nicht?

Mir war dein Makel durchaus bewusst, deshalb habe ich Blumensamen auf deiner Seite gesät. Du hast sie jeden Tag gegossen, wenn wir nach Hause gelaufen sind.

Mit diesen Blumen konnte ich den Tisch schmücken. Wenn du nicht genauso wärst wie du bist, würde diese Schönheit nicht existieren und in unserem Hause sein."

Jeder von uns hat seine ganz eigenen Defizite und Fehler, aber gerade die sind es, die unser Leben so interessant und lohnenswert machen. Man sollte einfach jede Person so nehmen, wie sie ist und das Gute in ihr sehen.

Eine kleine Geschichte zum Ausklang (Quelle: unbekannt), ausgewählt von Guido Neumann